KARL-HEINZ ZUBER

Koblenz erleben

Die 25 schönsten Entdeckungen

Inhalt

BALDUIN

Koblenz erleben

1 Die Stadt an Rhein und Mosel

Der Blick von oben

Koblenz – Ad Confluentes, „beim Zusammenfluss". So nannten die Römer ihre Siedlung an der Einmündung der Mosel in den Rhein. Vom Hochufer in Ehrenbreitstein haben wir die Chance, dieses einmalige Panorama zu genießen.

1 km

1 h

Tourencharakter
Über Wiesen, das einstige Freigelände der BUGA 2011, bis zu einer hoch aufragenden Holzkonstruktion; barrierefrei, mit Kindern.
Alternative: Promenadenweg in Koblenz-Asterstein
Ausgangs-/Endpunkt
Parkplatz Greiffenklaustraße beim Fort Bleidenberg
Anfahrt/Parken
Mit dem Auto von Ehrenbreitstein auf der L 127 Richtung Montabaur, den Schildern „Festung" folgen bis zur Niederberger Höhe. Am Anfang der Greiffenklaustraße kostenfreie Parkplätze auf Höhe des Kletterspielplatzes am Fort Bleidenberg.
Promenadenweg in Koblenz-Asterstein: Zufahrt von Ehrenbreitstein über den Kolonnenweg; Parkplätze am Friedhof; Kriegerdenkmal von 1866, in der Nähe Ruine des Forts Asterstein.
Einkehr
Kiosk der Seilbahn-Bergstation
Information
Koblenz-Touristik, Zentralplatz 1, 56068 Koblenz, Telefon 0261/19433, E-Mail: touristinformation@koblenz-touristik.de
www.koblenz-touristik.de

Die geografische Lage bestimmte die Geschichte der Stadt Koblenz. Beide Flüsse sind uralte Verkehrswege, der Rhein als Achse von den Alpen zur Nordsee, die Mosel als Weg in den Osten Frankreichs. Nicht von ungefähr thront die Festung Ehrenbreitstein hoch oben gegenüber der Moselmündung, bereit, beide Flüsse zu schützen – oder zu sperren.
Rhein und Mosel – die Ströme wurden zu Sinnbildern der Nachbarschaft zwischen Deutschland und Frankreich, für kulturellen Austausch, aber auch für Hass und Krieg. Seit 2002 zählen die Koblenzer Kulturdenkmäler und das romantisch verklärte Durchbruchstal durch das Rheinische Schiefergebirge zum Weltkulturerbe, das es zu schützen und zu erhalten gilt.

Lage und Stadtgestalt

Bei Koblenz weitet sich das enge Rheintal zu einer großen Senke, das Rheinische Schiefergebirge öffnet sich zum Neuwieder Becken. Das Stadtzentrum dehnt sich auf der ebenen Niederterrasse zwischen den Flüssen aus. Im Westen überragen die bewaldeten Ausläufer des Hunsrücks die Stadt. Im Osten tritt das Hochufer nahe an den Rhein und lässt gerade noch Platz für ein schmales Siedlungsband.

Blick von Ehrenbreitstein auf die Einmündung der Mosel in den Rhein.

Die Hanglagen und Hochflächen sind bevorzugte Wohnlagen; es überwiegt Einzelbebauung, unterbrochen von Hochhaussiedlungen. In der Ebene im Norden dehnt sich ein endlos erscheinendes Industrie- und Gewerbegebiet aus.

Kirchtürme mit spitzen und kuppelförmigen Hauben überragen die bunten Dächer im Stadtzentrum, ab und zu ein Hochhaus – nichts mehr lässt auf die Ruinenwüste schließen, die der Bombenkrieg 1944 hinterlassen hatte. Beim Wiederaufbau wurde nur die „Altstadt" rekonstruiert; sie ist heute abgegrenzt durch Schneisen für den Autoverkehr. Vor dem Hauptbahnhof erstreckt sich ein Stadtviertel mit einem rechtwinkligen Straßennetz und Blockbebauung: die Stadterweiterung des 19. Jahrhunderts (▸ Tour 6).

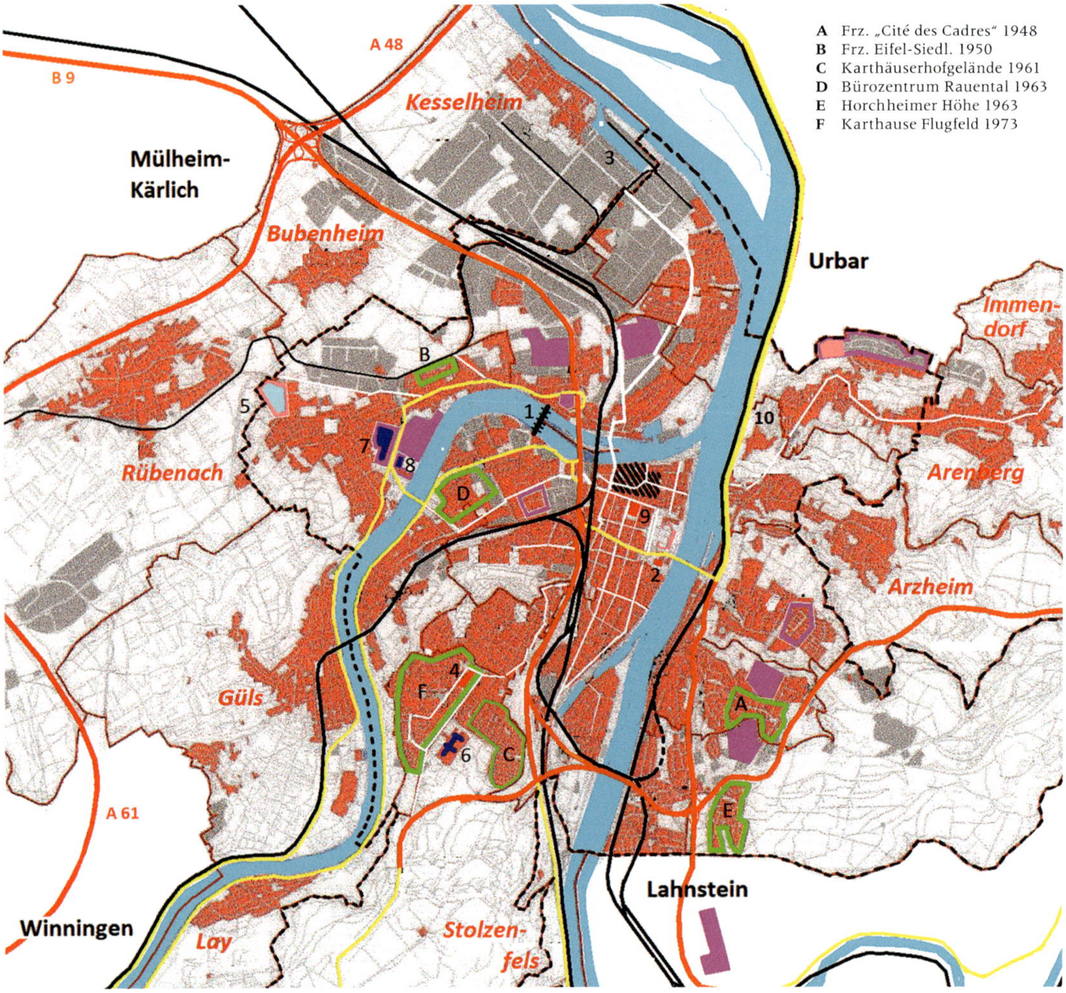

Koblenz 1945 – 2013

- Bebauung 2000
- Gewerbegebiet
- Wiederaufbau Altstadt
- Militär. Nutzung
- Autobahn
- Eisenbahn
- Umgenutzte Kaserne
- Großsiedlung
- Stadtgrenze 1937
- *Güls* Eingemeindung 1969/70
- Schnellstraße
- Bundesstraße

1 Moselstaustufe 1951
2 Rhein-Mosel-Halle 1962
3 Rheinhafen 1965
4 Bundesarchiv 1986
5 BuWe-Zentralkrankenhaus 1995
6 Fachhochschule 1998
7 Universität 2002
8 Technologiezentrum 2008
9 Kulturbau Zentralplatz 2013
10 BUGA-Festungspark 2011

Seit 1962 ist Koblenz Großstadt. Im Zuge der Gemeindereform 1969/1970 wurden umliegende Dörfer eingemeindet. „Trabantenstädte“ entstanden namentlich auf der Horchheimer Höhe und auf der Karthause, Standort auch für die Fachhochschule und das Bundesarchiv (▸ Tour 23). Koblenz ist über die A 48 und die A 61 bestens in das deutsche Autobahnnetz eingebunden: die A 48 überquert seit 1965 mit der Bendorfer Brücke den Rhein im Koblenzer Norden, die linksrheinische A 61 wurde zwischen 1970 und 1975 für den Verkehr freigegeben. Die Südtangente bietet eine leistungsfähige zusätzliche Rheinquerung. In den 1980er- und 1990er-Jahren erhielt die Bundesstraße 9 den Charakter einer Stadtautobahn.

Von der Garnisonsstadt zum modernen Oberzentrum

Uniformen bestimmten das Koblenzer Stadtbild seit dem 19. Jahrhundert, als Preußen in Ehrenbreitstein die wuchtige Festung erbaute (▸ Tour 19) und die Stadt mit Wällen und Vorwerken umgab. Nach dem Zweiten Weltkrieg und der französischen Besatzung schlüpfte Koblenz mit der Wiederbewaffnung Deutschlands schnell wieder in seine alte Rolle. Die Kasernen der Vorkriegszeit wurden wiederbelegt, das wehrtechnische Beschaffungsamt und bedeutende Stäbe wie das Heeresführungskommando ließen sich hier nieder, ein französisches Militärlazarett wurde zum Bundeswehr-Zentralkrankenhaus. In den letzten Jahren beendete die Umstrukturierung der Bundeswehr die Dominanz des Militärischen; die durch die „Konversion“ nicht mehr benötigten Militärgelände bieten neue Entwicklungsmöglichkeiten.

Im Norden von Koblenz breiteten sich früher Bimsgruben aus, in denen das leichte vulkanische Produkt abgebaut und zu Bausteinen verarbeitet wurde. In den 1960er-Jahren siedelten sich in dieser Industriebrache Gewerbebetriebe an, die der traditionellen Garnisons- und Verwaltungsstadt neue wirtschaftliche Impulse gaben. Seit den 1950er-Jahren wurde die Mosel durch Staustufen kanalisiert und zur Großschifffahrtsstraße ausgebaut. Ein neuer Rheinhafen in Wallersheim löste 1965 den unzureichenden stadtnahen Hafen am Moselufer ab.

Wichtige Impulse für die Stadtentwicklung brachte die Bundesgartenschau 2011. Koblenz wandte sich wieder den Flüssen Mosel und Rhein zu, ein futuristisches Kulturzentrum belebt seitdem die Stadtmitte (▸ Tour 18). Ein neues Dienstleistungszentrum mit genügend Raum zur Ausdehnung entwickelt sich im Westen der Stadt an der A 61.

In der Altstadt die Sonne genießen …

2 Das Kaiser-Wilhelm-Denkmal

Wer hat den größten Wilhelm?

Koblenz – damit verbinden wir spontan die Vorstellung vom Deutschen Eck, dem majestätischen Zusammenfluss von Mosel und Rhein. Über der dreieckigen Landspitze thront das imposante Denkmal Kaiser Wilhelms I. – stolze Reminiszenz an das längst vergangene Deutsche Kaiserreich.

1 km 1 h

Tourencharakter
Barrierefrei, auch mit Kindern planbar
Ausgangs-/Endpunkt
Parkplatz am Moselufer; durch die Anlagen zum Deutschen Eck

Anfahrt, Parken
Von der B 9 am Moselufer entlang; gebührenpflichtiger Parkplatz
Einkehr
Schattiger Biergarten am Moselufer
Der besondere Tipp
Wenn Sie gut zu Fuß sind und keine Angst vor engen Räumen haben: Im Denkmal führt eine Eisentreppe zum Besucherbalkon – Eingang am Sockel, Südseite.

Menschen auf dem Besucherbalkon – sie machen die Ausmaße des Standbildes erst augenfällig: 14 Meter vom Huf des Pferdes bis zur Spitze der Helmzier, ein Haus mit vier Stockwerken. Vor dem Denkmal mit seiner Gesamthöhe von 37 Metern greift man unwillkürlich zu Adjektiven wie „kolossal" und „bombastisch" – oder man sieht in dem Monument, wie der Satiriker Kurt Tucholsky 1930, weniger wohlwollend „einen Faustschlag aus Stein".

Die Schöpfer des Denkmals wollten die Begeisterung über das 1871 neu erstandene Deutsche Kaiserreich ausdrücken. Der preußische Ministerpräsident, Fürst Bismarck, hatte mit seiner „Blut-und-Eisen-Politik" zustande gebracht, woran die bürgerliche Revolution von 1848/49 noch gescheitert war: Deutschland unter Preußens Führung zu einen. Die nationale Hochstimmung fand ihren Ausdruck in einer Flut von Nationaldenkmälern in Deutschland.

Kaiser Wilhelm I. hatte es sich verbeten, ihm zu Lebzeiten Denkmäler zu errichten. Er starb am 9. März 1888. In Berlin wurde ein Wettbewerb für die Errichtung eines Nationaldenkmals vor dem Stadtschloss ausgeschrieben. Die Provinz Westfalen einigte sich auf den Standort Porta Westfalica, und auch in der Rheinprovinz regte sich der Wunsch, dem Fürsten, der hier als Kronprinz längere Zeit residiert hatte, „ein würdiges größeres Standbild an geeigneter Stelle" zu errichten.

Die geeignete Stelle? Die Rheinprovinz war groß – zwischen Düsseldorf und Koblenz gab es zahlreiche Gemeinden,

Wilhelm I. hoch zu Ross, begleitet vom Genius mit der Kaiserkrone.

die das Denkmal für sich reklamierten. Ein monumentales Standbild hoch über dem Rhein auf dem Burgfelsen von Hammerstein? Zu teuer, da musste man noch aufwendige Zufahrten finanzieren. Königswinter bot sich an, Bad Honnef mit der Insel Grafenwerth. Der Ausschuss des Provinziallandtags wandte sich schließlich 1891 mit der Bitte um Entscheidung an Kaiser Wilhelm II., den Enkel des zu Ehrenden. Der wählte das Deutsche Eck in Koblenz am symbolträchtigen Zusammenfluss von Rhein und Mosel – nach der Annexion von Elsass und Lothringen waren beide nunmehr weitgehend „deutsche" Flüsse.

Ein würdiges größeres Standbild? 1892 gingen der Architekt Bruno Schmitz und der Bildhauer Emil Hundrieser als Sieger aus einem Wettbewerb hervor – beide

Das Vorbild: die Einweihung des Berliner Denkmals 1897 auf einer Briefmarke zum 100. Geburtstag Wilhelms I. Das Monument wurde 1946 von der SED-Regierung abgerissen.

Profis in Sachen Nationaldenkmäler. Vorbild wurde die Reiterstatue des Berliner Nationaldenkmals.

Der Kaiser thront in Generalsuniform hoch zu Pferde. Ein geflügelter Genius präsentiert die Kaiserkrone – kein leichtfüßiges Wesen, eher ein Bauernmädchen aus der Mark mit den Potenzen einer Amme. Der Reiter in Berlin hat eine Höhe von neun Metern, auf dem Kyffhäuser misst er elf Meter, in Koblenz 14 Meter. Das Festprogramm zur Einweihung hob das ausdrücklich hervor.

Bruno Schmitz schuf für die Riesenfiguren einen wuchtigen Sockel. Zunächst musste die schmale Landzunge zwischen Rhein und Mosel verbreitert werden; der dortige Winterhafen wurde zugeschüttet. Aus gewaltigen Granitblöcken wurden 350 Meter lange Kaimauern an Rhein und Mosel geschichtet, ein massiver Unterbau aus Beton trägt eine zehn Meter hohe halbkreisförmige Pfeilerhalle. Im Denkmalsockel ist in riesigen Lettern „Wilhelm dem Großen" eingemeißelt. Das zeugt vom Versuch Wilhelms II., seinen Großvater – und nicht Bismarck – zum wahren Gründer des neuen Reiches zu erheben. Und es entsprach dem rückwärtsgewandten Herrscherbild Wilhelms II., dass er bei der Tischrede zur Denkmalseinweihung 1897 ein Kaisertum „von Gottes Gnaden" beanspruchte „mit seiner furchtbaren Verantwortung vor dem Schöpfer allein, von der kein Mensch, kein Minister, kein Abgeordnetenhaus, kein Volk den Fürsten entbinden kann."

„Nimmer wird das Reich zerstöret, wenn ihr einig seid und stark", steht als Sinnspruch auf dem Sockel des Standbildes, eine Reverenz an den Dichter Max von Schenkendorf, der das während der Freiheitskriege geschrieben hatte. Das Reich hat bekanntlich nicht lange existiert, und so wurde das Monument am Deutschen Eck auch zu einem Sinnbild der neueren deutschen Geschichte.

Den Ersten Weltkrieg und die französische Besatzung der Rheinlande hat es noch unbeschadet überstanden. Am Ende des Zweiten Weltkriegs kam das Reiterstandbild durch Artilleriebeschuss zu Schaden. Der Kopf des Kaisers und ein paar Bruchstücke endeten im Museum.

Übrig blieben der klobige Sockel und die Pfeilerhalle. Die französische Besatzung gab kein Geld für eine Umgestaltung aus. 1947 fiel das Gelände an das Bundesland Rheinland-Pfalz, das es der Stadt Koblenz übertragen wollte – die lehnte ab. Ministerpräsident Peter Altmeier ließ die Anlage schließlich mit Landesmitteln herrichten und zu einem „Mahnmal der deutschen Einheit" umgestalten. Am Umgang des Denkmals wurden Bronzetafeln mit den Wappen der Länder

Blick von Ehrenbreitstein auf das Deutsche Eck und die Altstadt.

der Bundesrepublik angebracht, andere Wappentafeln erinnerten an die übrigen Länder des früheren Deutschen Reichs. Anstelle des Reiterdenkmals erhob sich ein Fahnenmast, von dem die Bundesflagge wehte: Schwarz-Rot-Gold, die Farben der Revolutionäre von 1848. Wenn der Kaiser das gesehen hätte – mit dem Schießbefehl auf die Berliner Aufständischen hatte er sich seinerzeit den Namen „Kartätschenprinz" eingehandelt. Bundespräsident Theodor Heuss weihte das Mahnmal am 18. Mai 1953 ein: „Das Denkmal, einst errichtet als stolzer Dank für gewonnene Einheit, sei uns heute ein Bekenntnis zu einer wieder zu gewinnenden Einheit."

Die neue Bestimmung des Deutschen Ecks ließ dennoch Wünsche nach einer Wiederherstellung des Denkmals nicht ganz verstummen. Das Verlegerehepaar Theisen aus Koblenz erbot sich 1987, die Kosten für eine Restaurierung des Reiterstandbildes zu übernehmen. Die damalige CDU-Landesregierung stimmte einer Schenkung zu, die folgende SPD-Regierung lehnte energisch ab: Sie betrachtete es als Zumutung, durch ein Denkmal einen überholten Kaiserkult wiederaufleben zu lassen.

1990 war nach dem überraschenden Erfolg der „friedlichen Revolution" die Einheit Deutschlands in Freiheit wieder erlangt – das Mahnmal am Deutschen Eck hatte seine Funktion verloren. Eine Bürgerinitiative machte sich für die Schenkung Theisen stark, eine Statue wurde nachgefertigt und nach Koblenz transportiert. Schließlich fand die Landesregierung den Ausweg, zur Förderung des Tourismus ihre Rechte an die Stadt Koblenz zu übertragen. Seit September 1993 prunkt das Kaiserdenkmal wie früher auf seinem wiederhergestellten Sockel. Die nötige Patina wird es schon noch ansetzen.

3 Das Deutsche Eck

Wie deutsch ist das Deutsche Eck?

Kaiserdenkmal und Mahnmal der Einheit – mit dem Deutschen Eck verbindet sich auch der Begriff der Nation. Dabei ist die Bezeichnung für dieses Fleckchen Erde viel älter und geht auf einen Krankenpflegeorden aus dem Heiligen Land zurück.

500 m 0,5 h

Tourencharakter
Spaziergang barrierefrei
Ausgangs-/Endpunkt
Parkplatz am Moselufer
Anfahrt/Parken
Von der B9 am Moselufer entlang; Beschilderung „Deutsches Eck", gebührenpflichtiger Parkplatz an der Mosel, Peter-Altmeier-Ufer.

Einkehr
Restaurant „Gerhard's Genussgesellschaft" im Blumenhof (Montag Ruhetag)
Besonderer Tipp
Besuch des Museums Ludwig für moderne französische und internationale Kunst, geöffnet: Di–Sa 10.30–17 Uhr, So 11 Uhr–18 Uhr; museumspädagogische Angebote nach Voranmeldung

Man betritt das Gelände der einstigen Niederlassung des Deutschen Ordens im Westen durch einen Torbogen. Auf der rechten Seite sind Mauerreste einer kleinen Kirche zu erkennen, links versperren Bögen der Stadtmauer den Blick. Viel ist nicht übrig geblieben von der einstigen Pracht.

1216 schenkte Erzbischof Dietrich von Wied dem Deutschen Orden das Sankt-Nikolaus-Hospital in der Nachbarschaft des Stifts Sankt Kastor. Der Orden war 1190 auf dem Dritten Kreuzzug in Akkon als Krankenpflegeorden gegründet worden, seit 1198 verstand er sich auch als ritterliche Kampfgemeinschaft. Sein Aufgabenfeld suchte er verstärkt in der „Heidenmission" mit dem Schwert, vor allem seit Anfang des 13. Jahrhunderts im Kampf gegen die „Pruzzen" an der Ostsee. Der Ordensstaat Preußen um den Mittelpunkt Marienburg begründete im 14. Jahrhundert den deutschen Einfluss in den baltischen Ländern.

Der Orden verbreitete sich mit zahlreichen Niederlassungen in ganz Europa. Die Ordenshäuser, die „Kommenden", beschafften die Mittel, mit der die weitgespannten Aktivitäten finanziert werden konnten. Die Niederlassung in Koblenz wurde zu einem der deutschen Verwaltungszentren des Ordens.

Die Ordenstätigkeit endete in der Zeit der französischen Revolution: Die Gebäude wurden als Magazin und Lazarett verwendet. Als Preußen 1815 das Rheinland übernahm, waren die historischen

Man muss schon genau hinsehen: Das Ordenskreuz am Giebel erinnert an die einstige Ordensniederlassung.

Verbindungen, die sich über den Deutschen Orden herstellen ließen, höchst willkommen. Das Gelände wurde weiterhin militärisch verwendet: Zur Mosel hin entstanden Wehrmauern und Kasematten; das Deutschherrenhaus wurde Getreidemagazin. Erst 1895 erhielt der Bau wieder eine zivile Nutzung: Er diente fortan als preußisches Staatsarchiv.

Die Bomben verschonten das Areal nicht – wiederaufgebaut wurde nur der Rheinflügel. 1992 erhielt er eine neue Funktion als Zweigmuseum der Peter-und-Irene-Ludwig-Stiftung. Peter Ludwig machte der Stadt Koblenz, in der er geboren und zur Schule gegangen ist, mit seiner Sammlung ein bleibendes Geschenk; mit Bezug auf die wechselvolle 300-jährige Geschichte von Koblenzern und Franzosen richtete er den Fokus auf die französische Kunst nach 1945. Nicht zuletzt bildet die neue kulturelle Berufung der früheren Niederlassung des Deutschen Ordens einen Gegenpol zum preußischen Kaiserdenkmal in der Nachbarschaft, das sich bewusst von Frankreich abwendet.

Moderne französische Kunst am Museum Ludwig: „Der Daumen" von César Baldaccini (1964), einem Vertreter des Neuen Realismus.

4 Sankt Kastor

Beten und große Politik

In idyllischer Lage am Rheinufer befindet sich vor der Altstadt Sankt Kastor, die älteste und ehrwürdigste der Koblenzer Kirchen. Zahllose Umbauten und Zerstörungen musste der Bau über sich ergehen lassen – aber noch heute fordert die majestätische Doppelturmfassade herrschaftliche Distanz vom Besucher.

500 m 0,5 h

Tourencharakter
Spaziergang barrierefrei
Ausgangs-/Endpunkt
Schattiger Parkplatz Am Kastorhof
Anfahrt/Parken
Von der B 9 am Moselufer entlang; von der Innenstadt (Clemensplatz) über die Kastorpfaffenstraße. Gebührenpflichtiger Parkplatz südlich der Kirche Am Kastorhof.
Einkehr
Zahlreiche Restaurants am Rheinufer; z. B. „Winninger Weinstuben" – Weine von Mosel und Mittelrhein, Restauration in einem historischen Bau aus dem 19. Jahrhundert, Montag Ruhetag.
Besonderer Tipp
An der 2014 eingeweihten neuen Großen Orgel in der Kastorkirche werden regelmäßig Konzerte gegeben.

Wer stellt sich schon vor, dass die Ursprünge des prachtvollen Kirchenbaus auf ein Militärlager zurückgehen? 2008 grub man südlich der Stiftskirche die Spuren eines kleinen Römerkastells aus der Zeit des Kaisers Augustus aus. Der Fund bedeutete eine kleine Sensation: Generationen von Historikern hatten bis dahin vergeblich im Stadtzentrum nach einem Militärlager als Keimzelle der Stadt gesucht.

Die Römer hatten zur Entstehungszeit des Kastells gerade Gallien ihrem Reich einverleibt und das Lager sollte die nahen Flussübergänge sichern: eine Furt über den Rhein Richtung Westerwald und die Übergänge des Handelsweges entlang der Sandbänke der Moselmündung. Zwischen 80 und 90 n. Chr. zogen die Legionäre allerdings wieder ab – die Grenze zu den Germanen lag danach weiter im Osten. Der Schwerpunkt der Besiedelung verlagerte sich nach Westen auf den Altstadthügel an der Nord-Süd-Straße (▸ Tour 5). Auf dem Lagergelände wurde den Flussgöttern ein Tempel errichtet, ein einfacher rechteckiger Bau mit einer umlaufenden Säulenhalle, der jedoch in der Völkerwanderungszeit bereits wieder verfiel. Jetzt siedelten fränkische Bauern auf dem Uferrücken und bauten innerhalb der Grundmauern des früheren Heiligtums eine kleine Kirche, bei der sie vornehme Verstorbene begruben.

Die Westfassade der Kirche Sankt Kastor, die den Ehrentitel „Basilica Minor" führt.

Der Trierer Bischof Hetti ließ 817 an der Moselmündung ein Stift mit einer großen Kirche bauen. Dies tat er wohl mit der Unterstützung Kaiser Ludwigs des Frommen auf königlichem Besitz. Was jetzt noch fehlte, waren die Reliquien eines Heiligen – der Bischof fand sie in Karden an der Mosel. Dort hatte um 400 n. Chr. der Priester und Einsiedler Kastor gewirkt. Hetti übertrug die Gebeine des Glaubensboten 836 in seine neue Kirche.

Die Reichsabtei

Nach fränkischem Brauch teilte Ludwig der Fromme das Reich unter seinen Söhnen auf. Der Rhein wurde im Vertrag von Verdun 843 zur Ostgrenze des Mittelreichs Lotharingien. Das bescherte Koblenz als Grenzort eine strategische Bedeutung – das Vertragswerk war im neuerbauten Stift Sankt Kastor ausgehandelt worden. Schon 859 trafen die Frankenkönige Karl, Ludwig und Lothar II. wieder zusammen, zunächst vorsichtig auf der Insel Niederwerth im Rhein – im Schutz ihrer Heere, die an beiden Rheinufern einander gegenüberlagen –, an Pfingsten 860 dann mit allem Pomp in und um Sankt Kastor. Seit 880 gehörte die Westhälfte Lothringens mit Aachen und Trier zum Reich der Deutschen. Der Rhein konnte sich nun zur Achse des salischen Kaiserreiches entwickeln. Lothringen blieb dennoch fortan der Zankapfel zwischen den Nachfolgereichen der Karolinger im Osten und im Westen, zwischen Deutschland und Frankreich.

Im Jahr 1138, in einer Zeit, in der Staufer und Welfen in Deutschland um die Macht stritten, wurde bei Koblenz – und nicht in Frankfurt – auf Drängen des Trierer Erzbischofs Albero und seiner Anhängerschaft der Staufer Konrad III. zum deutschen König gewählt. Glanz erlebte das Stift Sankt Kastor aber erst wieder 200 Jahre später: Kaiser Ludwig der Bayer schloss 1338 im nahen Rhens den „Kurverein" mit den deutschen Fürsten. Hier einigten sie sich auf den künftigen Modus der Königswahl. Wenig später lud er zu einem Hoftag nach Koblenz ein, an dem auch König Eduard III. von England teilnahm.

„Mithalten mit der Konkurrenz"

Seit der Spätantike ist Sankt Kastor eine Stätte des Gebetes – ein Beispiel für „Kontinuität" religiöser Verehrung, wie wir es im Rheinland öfter vorfinden,

Bauphasen von Sankt Kastor

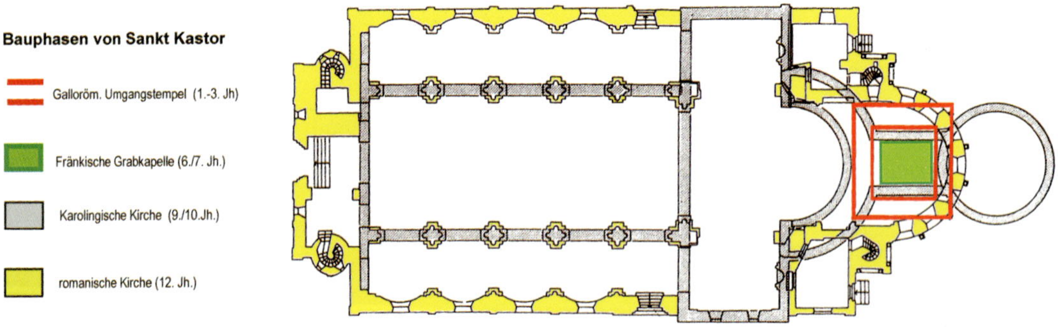

Sankt Kastor, von der Rheinseite im Osten gesehen.

etwa im Bonner Münster, in den großen Kölner Abteikirchen oder in Sankt Victor in Xanten. Der Bau war ehrwürdig – aber im 12. Jahrhundert entsprach er nicht mehr den Vorstellungen von zeitgemäßer Architektur. Probst Buvo begann 1160 mit dem Umbau und ließ den neuen Chor errichten, den wir heute von der Rheinseite aus bewundern können.

Er zeigt den Aufriss des „rheinischen Etagenchors", der kurz zuvor von den Baumeistern des Bonner Münsters entwickelt worden war. Jetzt konnte Sankt Kastor mit den großen Kirchen der Rheinischen Romanik „mithalten", wenngleich dem Bau die majestätische Höhe fehlte.

Im Innenraum der Basilika fällt uns die Verbindung von Romanik und Gotik auf. Der Raum wird geprägt von den strengen romanischen Arkaden mit den Rundbögen und skulptierten Kapitellen. Ein fein unterteiltes spätgotisches Gewölbe aus dem späten 15. Jahrhundert mit bunter Blumenmalerei überspannt das Kirchenschiff. Der Architekt, Meister Matthias, musste die Rippen seines Gewölbes sehr tief ansetzen – die Höhe des ursprünglich mit Holzbalken flach gedeckten romanischen Raumes ging damit verloren. Die farbliche Gestaltung rührt von Renovierungsarbeiten Ende des 20. Jahrhunderts her. Die Kirche hat eine Reihe von bedeutenden Kunstwerken bewahren können – die Erläuterung überlassen wir einer kompetenten Kirchenführung.

5 Der Kastorbrunnen

Die „Franzosenzeit" in Koblenz

Der klobige Sockel eines Denkmals aus schwarzem Basalttuff erinnert vor Sankt Kastor an die Zeit der Französischen Revolution, als Koblenz zu Frankreich gehörte. Er trägt eine Inschrift, die seit 200 Jahren alle Rheintouristen zum Schmunzeln bringt.

500 m

0,5 h

Tourencharakter
Spaziergang barrierefrei

Ausgangs-/Endpunkt
Parkplatz am Kastorhof

Anfahrt/Parken
Von der Innenstadt (Clemensplatz) über Kastorpfaffenstraße

Zugang
Das Denkmal steht westlich von Sankt Kastor auf dem Vorplatz der Kirche.

Einkehr
Gaststätten am Rheinufer

Grabmonument für den französischen General Marceau (1796 gefallen bei Altenkirchen) auf dem „Franzosenfriedhof" am Fuße des Petersberges in Koblenz-Lützel.

Die Basilika Sankt Kastor steht heute auf einem weiten Platz im Grünen – schwer vorzustellen, dass hier früher das Zentrum des Stiftsviertels war. Im Zuge der Säkularisation 1802 wurden die Stiftsgebäude abgebrochen, Bomben räumten 1944 das Stadtviertel ab.

Hauptstadt eines Départements

Die Revolution von 1789, die Frankreich zur Republik umgestaltete, läutete auch das Ende der Kurfürstenzeit in Koblenz ein. 1794 besetzten die Revolutionsheere die Stadt, die Koblenzer sahen dem mit Bangen entgegen, war Koblenz doch wegen der engen verwandtschaftlichen

Beziehungen des Kurfürsten zum französischen Hof zum Sammelpunkt für 5.000 französische Emigranten geworden, die dem Königshaus treu geblieben waren (▸ Tour 13).

Die Befürchtungen waren nicht unbegründet. In Koblenz etablierte sich eine französische Militärverwaltung und die Bürger hatten unter riesigen Kontributionen und der Einquartierung von Soldaten zu leiden.

1797 musste Österreich der Abtretung des linken Rheinufers zustimmen. Frankreich gliederte die eroberten Gebiete 1798 in vier Départements. Koblenz, die frühere Residenz des Kurfürstentums Trier, wurde Hauptstadt des Départements Rhin-et-Moselle – dazu gehörte nun auch die einstige kurkölnische Residenz Bonn. Im September 1802 trat die französische Verfassung für das Département in Kraft, was bedeutete, dass seine Bewohner den Franzosen gleichgestellt waren – und damit auch zum Militärdienst herangezogen werden konnten.

„Lobe den Krieg nicht vor dem Sieg!"

Jules Doazan war ab 1810 Präfekt des Départements Rhin-et-Moselle; er residierte im ehemaligen Palais von der Leyen – das Schulgebäude, das man im Westen sieht, steht heute an dessen Stelle. Zu Ehren Kaiser Napoleons ließ er ein Monument errichten, ursprünglich ein Brunnen, wie die steinerne Schale verrät. Die Bevölkerung sollte erinnert werden an das „Jahr 1812, das denkwürdig ist durch den Feldzug gegen die Russen", wie es die Inschrift in goldenen Lettern verkündet

Das Denkmal auf dem Kastorplatz.

– etwas Propaganda war sicherlich nötig angesichts der zahlreichen Deutschen, die in der Grande Armee Kriegsdienst leisten mussten. Dieser Feldzug endete bekanntlich im Debakel; die alliierten Truppen setzten der französischen Armee nach dem Sieg in der Völkerschlacht bei Leipzig nach. Den rechten Flügel der Armee Blüchers bildete ein russisches Kontingent unter General de Saint Priest, Sohn eines französischen Emigranten, der in russische Kriegsdienste getreten war. Die Alliierten überquerten in der Silvesternacht 1813 den Rhein. Lakonisch ließ General de Saint Priest die Inschrift auf dem Denkmal ergänzen: „Gesehen und genehmigt. Der russische Befehlshaber der Stadt Koblenz, am 1. Januar 1814." Lange konnte er seinen Triumph freilich nicht genießen: Zwei Monate später fiel de Saint Priest nahe Laon.

6 Das Römerkastell

Enten mitten in der Stadt?

Beim Stadtbummel in der Fußgängerzone am Rande der Altstadt stößt man unvermittelt auf einen in das Pflaster eingelassenen Brunnen: Ein Mädchen scheucht Enten auf. Tauben, das ginge ja noch an, aber Enten? Inmitten von Geschäftshäusern?

500 m

0,5 h

Tourencharakter
Stadtbummel barrierefrei
Ausgangs-/Endpunkt
Parkplatz am Peter-Altmeier-Ufer
Anfahrt/Parken
Beschilderung folgen „Deutsches Eck", gebührenpflichtige Parkplätze am Moselufer
Zugang
Peter-Altmeier-Ufer nach Westen, durch die Kornpfortstraße zum Entenpfuhl
Einkehr
Zahlreiche Gaststätten und Cafés im Zentrum

Das Rätsel lichtet sich ein wenig, wenn man auf den Straßennamen „Entenpfuhl" blickt. Erstaunlich: Hier befand sich früher eine Senke, in der noch im 18. Jahrhundert Grundwasser austrat, wenn die Mosel Hochwasser führte. Da es in der Nähe Pferdeställe gab, sammelte sich in dem Graben eine stinkende Kloake. Der Straßenname erinnert an die Geografie des Ortes im Altertum: Hier, im Mündungsdelta der Mosel, gab es eine Reihe von hochwasserfreien Anhöhen, auf die sich die Besiedlung konzentrierte. Davor lagen wasserführende Altarme und versumpfte Niederungen. In den sprechenden Straßennamen Entenpfuhl und Altengraben hat sich die Erinnerung daran bis heute gehalten, ebenso in der Pfuhlgasse.

Um 370 n. Chr., unter Kaiser Valentinian, umgaben die Römer die größte dieser Siedlungsinseln mit einer kräftigen, acht Meter hohen Mauer, die in Abständen von etwa 30 Metern durch hervortretende Rundtürme geschützt wurde. Den Höhenunterschied zwischen dem einstigen Graben und dem Römerkastell

Der Entenbrunnen, geschaffen 1979 von Edith Peres-Lethmate.

kann man an mehreren Stellen noch erkennen – am deutlichsten südlich der Liebfrauenkirche, nördlich des „Plan“. Die Mauer war noch bis in fränkische Zeit erhalten. Auf ihren Fundamenten wurden später neue Bauten errichtet. Auch ein paar Türme sind noch zu identifizieren. Von der Römersiedlung haben sich im Boden allerdings nur wenige Spuren erhalten; die intensive Bebauung des Stadtzentrums seit dem Mittelalter hat Reste weitgehend zerstört – für schön behauene Steine aus Römerruinen gab es immer Bedarf.

Auf dem Rückweg über die Kornpfortstraße kommen wir am Dreikönigenhaus vorbei. Achten Sie dabei auf den Anstieg der Straße An der Danne zum Altstadthügel. Die beiden runden Türme des Pfarrhofs Liebfrauen in der Florinspfaffengasse stehen auf den Fundamenten römischer Wehrtürme, ebenso die Apsis der Florinskirche (▸ Tour 7) im Hintergrund.

Die Stützwand hinter der Liebfrauenkirche steht auf den Fundamenten der Kastellmauer.

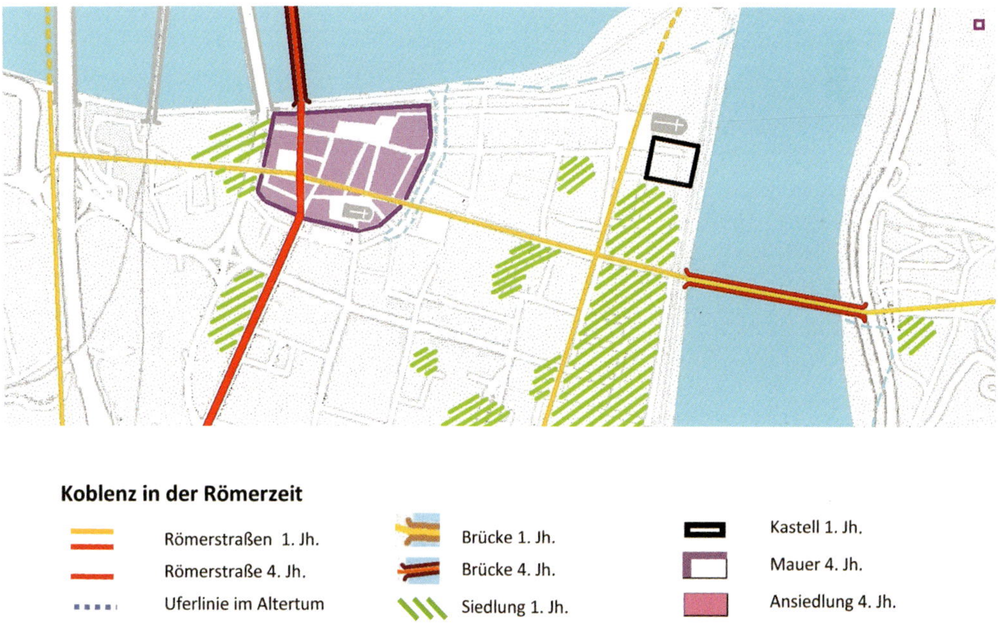

7 Burg, Rathaus, Gericht

Der Bischof und die Bürger

Wer von Norden her über die Balduinbrücke die Mosel quert, stößt auf die turmbewehrte Alte Burg, einst Sitz des bischöflichen Stadtherrn. Ein paar Schritte weiter treffen wir am Florinsplatz auf das frühere Rathaus, daneben auf den früheren Sitz des Stadtgerichts. Wir erkunden jene Institutionen, die bis zum 18. Jahrhundert die Geschicke der Stadt bestimmten.

500 m 1 h

Tourencharakter
Stadtbummel; Treppen
Ausgangs-/Endpunkt
Parkplätze am Peter-Altmeier-Ufer
Anfahrt/Parken
Beschilderung „Deutsches Eck" folgen, Parkplätze am Peter-Altmeier-Ufer an der Mosel
Zugang
Durch die Pforte bei der Alten Burg durch den einstigen Burggraben zur Burgstraße
Einkehr
Zahlreiche Möglichkeiten, z. B. direkt am Florinsplatz: „Weinhaus Hubertus", Florinsmarkt 6/Ecke Gemüsegasse, rustikal in einem Fachwerkhaus von 1698; Außenterrasse; Mo–Fr nachmittags und abends, Sa + So durchgehend ab 12 Uhr.

Vom Moselufer aus – von der Anlegestelle der Kreuzfahrtschiffe – haben wir einen schönen Blick auf die alte steinerne Brücke, einst die Lebensader der Handelsstadt.

Die Balduinbrücke

In der Römerzeit führte eine wichtige Handelsstraße auf einer hölzernen Brücke über die Mosel – im heutigen Stadtplan markiert der geschäftige Straßenzug von Löhrstraße und Marktstraße ihren Verlauf. Ein konservierter Gründungspfahl aus dem Flussgrund verweist uns an der Uferpromenade auf diese Stelle. Der Moselübergang wurde im hohen Mittelalter durch eine steinerne Brücke ersetzt. Erzbischof Balduin von Trier begann 1343 mit dem Bau, die Arbeiten an den 14 Bögen aus Grauwacke dauerten über 80 Jahre. Die Brücke galt einst als technisches Wunderwerk – heute existiert von ihr nur noch ein verstümmelter Rest: Die Brückenhälfte zum Lützeler Ufer musste 1975 einem technischen Zweckbau mit hoher Spannweite weichen, um eine Passage für die Moselschiffe freizumachen.

Die Alte Burg

Am Brückenkopf auf der Koblenzer Seite bewacht die turmbewehrte „Alte Burg"

Die Alte Burg, von der Moselbrücke aus gesehen. Der linke Turm ruht auf den Resten der römischen Stadtmauer, im Obergeschoss ist die achteckige gotische Kapelle aus dem 15. Jahrhundert zu erkennen. Der Bau diente von 1806 bis 1897 als Fabrik für Blechwaren, heute beherbergt er das Stadtarchiv.

den Stadteingang. Sie geht auf einen Wohnturm zurück, den sich eine Adelsfamilie im 12. Jahrhundert auf den Resten der Römermauer errichten ließ. Auf diesen Bau hatte der Trierer Erzbischof Heinrich von Finstingen 1277 ein Auge geworfen. Er erwarb ihn und ließ ihn zu einer ringsum von einem tiefen Graben umgebenen Burg ausbauen. Sie stellte das Bollwerk im Nordwesten der neuen Stadtmauer dar, die ab der Mitte des 13. Jahrhunderts um die Stadt Koblenz errichtet wurde – längst war diese über die alten Römermauern hinausgewachsen.

Der Raum Koblenz gehörte schon ab dem 11. Jahrhundert zum Machtbereich des Trierer Erzbischofs. 1018 schenkte König Heinrich II. dem Trierer Erzbischof Poppo von Babenberg, einem seiner treuen

Der Koblenzer Augenroller

Ein Koblenzer Wahrzeichen ist der „Augenroller" an der Turmuhr des Tanzhauses. Zu jeder vollen Stunde streckt er die Zunge heraus und rollt grimmig mit den Augen. Im Volksmund stellt die Figur den 1536 zum Tode verurteilten Raubritter Johann Lutter von Kobern dar, der sich respektlos zur Gerichtsbarkeit der Städter äußert. Die Figur geht wohl aber ursprünglich auf das älteste Schöffensiegel der Stadt zurück: Es zeigt einen bärtigen Mann mit hässlicher Fratze, der die Zunge herausstreckt.

Der „Augenroller" unter der Turmuhr.

Anhänger, den Königshof Koblenz. Dieser rundete den trierischen Besitz im Lahngau und im Westerwald um Montabaur ab. Der Rheinzoll brachte reiche Einnahmen, die starke Burg Ehrenbreitstein bildete einen Brückenkopf auf dem rechten Rheinufer. Der Ort Koblenz wurde zum Mittelpunkt des Unteren Erzstifts Trier.

Das Alte Kauf- und Tanzhaus

100 Meter östlich der Alten Burg erstreckt sich der baumbestandene Florinsmarkt. Auf der Nordseite fallen einige repräsentative barocke Palais auf. Das Alte Kauf- und Tanzhaus wurde 1419–1425 erbaut. Das Gebäude ragte am Moselufer über die mittelalterliche Stadtmauer hinaus und bot so einen ebenerdigen Zugang zum Kai, an dem die Moselschiffe anlegten. Das Untergeschoss diente als Lagerraum. 1674 wurde in dem Bau das Rathaus eingerichtet. 1688 zerstört, wurde das Gebäude 1724 wieder aufgebaut und erhielt nun den Uhrenturm mit der Treppe.

Die Franzosen verlegten das Rathaus 1794 an den Plan (▸ Tour 19), das Tanzhaus wurde Schulgebäude und Museum. Nach der Kriegszerstörung 1944 wurde der Bau 1961–1965 wiedererrichtet und diente bis 2013 als Sitz des Mittelrhein-Museums. Die Koblenzer Görlitz-Stiftung kaufte 2013 alle um den Florinsmarkt gelegenen Gebäude auf: Altes Kaufhaus, Bürresheimer Hof und Schöffenhaus. Nach einer gründlichen Sanierung werden sie in einem beispielhaften Projekt zu einem Begegnungszentrum von Bürgern, Hochschulen und zukunftweisenden Unternehmen ausgebaut.

Das Alte Kauf- und Tanzhaus war früher das Rathaus von Koblenz.

Bischöfliche Stadtherrschaft und Bürgerfreiheit

Zwischen dem bischöflichen Stadtherrn und den Bürgern, die nach Selbstverwaltung strebten, kam es immer wieder zu bewaffneten Konflikten – es ging um Steuern und ihre Verwendung. Gegen den mächtigen Fürstbischof zogen die Bürger jedoch letztlich immer den Kürzeren.

Die ehemalige „Verfassung" der Stadt Koblenz stellt sich für unsere Begriffe recht kompliziert dar. Den Erzbischof als Landesherren vertrat der Amtmann, der aus dem örtlichen Adel berufen wurde. Der Amtmann war zuständig für die Wahrung des Landfriedens und die hohe Gerichtsbarkeit, er beaufsichtigte Stadtverwaltung und Stadtgericht.

Als Vertretung der Stadtbürger trat ihm ab dem 13. Jahrhundert der Stadtrat entgegen. Der Stadtrat umfasste im 14. Jahrhundert 40 Personen. Zwei Bürgermeister – einer aus dem Stadtadel und einer aus dem Kreis der Kaufleute und Handwerker – leiteten die Sitzungen und verkündeten die städtischen Verordnungen.

Die Bürger mussten die Stadtmauern bauen und unterhalten und sie im Kriegsfall auch verteidigen. Städtische Beamte beaufsichtigten den Markt, wofür sie Gebühren einzogen. Zölle fielen an den Landesherrn; nur für Einfuhren aus städtischem Besitz genossen die Bürger Zollfreiheit.

Rat contra Stadtgericht

Dem Stadtgericht gehörten 14 Schöffen an, die der Kurfürst aus den alten Koblenzer Familien auswählte. Bei wichtigen Entscheidungen des Rates bestimmten die Schöffen mit; sie sprachen Recht in den städtischen Angelegenheiten. Den Vorsitz im Schöffengericht führte der Schultheiß. Vom Landesherrn bestellt, war er gleichzeitig dem Rat verantwortlich – eine schwierige Doppelstellung.

1527 erhielt das Schöffengericht einen eigenen Sitz: das rot verputzte Gebäude

Das Schöffenhaus, erbaut 1528–1530 unter Kurfürst Richard von Greiffenklau für das kurtrierische Schöffengericht. Spätgotischer Balkon auf der Moselseite.

mit den gotischen Ecktürmchen gleich neben dem Tanzhaus und späteren Rathaus. Die Konkurrenz beider Gewalten in der Stadtregierung drückte sich so auch im Gegenüber der Gebäude aus.
Eine neue Stadt- und Polizeiordnung schrieb 1562 die Machtverhältnisse zugunsten des Kurfürsten fest: Die Rechtsprechung lag nun ausschließlich beim Amtmann, der auch die Ratsmitglieder vereidigte.

Altar auf Römermauern: St. Florin

Den Florinsmarkt beherrscht im Osten die schlichte Fassade der Florinskirche mit den romanischen Doppeltürmen, ihre Spitzhelme bestimmen die Silhouette der Altstadt mit. Ausgrabungen im Jahr 1929 haben aufgezeigt, dass die Mauern des Kirchenchores im Osten auf den Fundamenten der römischen Stadtmauer stehen: Die Basis eines Wehrturmes eignete sich gut als Gründung für die halbrunde Apsis des Altarraumes.
Das Langhaus bewahrt mit den Rundbögen und den Obergadenfenstern die Form der romanischen Basilika. Sie wurde um 1100 errichtet und hatte ursprünglich eine flache Balkendecke. Das tief angesetzte Gewölbe mit den gotischen Spitzbögen wurde erst nach der Beschießung der Stadt 1688 errichtet – in der Taufkapelle rechts des Altares ist im Gewölbe noch eine französische Granate eingemauert.
Das Stift gehörte zu den reichsten geistlichen Herrschaften im Erzbistum Trier. Die 20 Stiftsherren, meist Angehörige des niederen Adels, lebten als Gemeinschaft

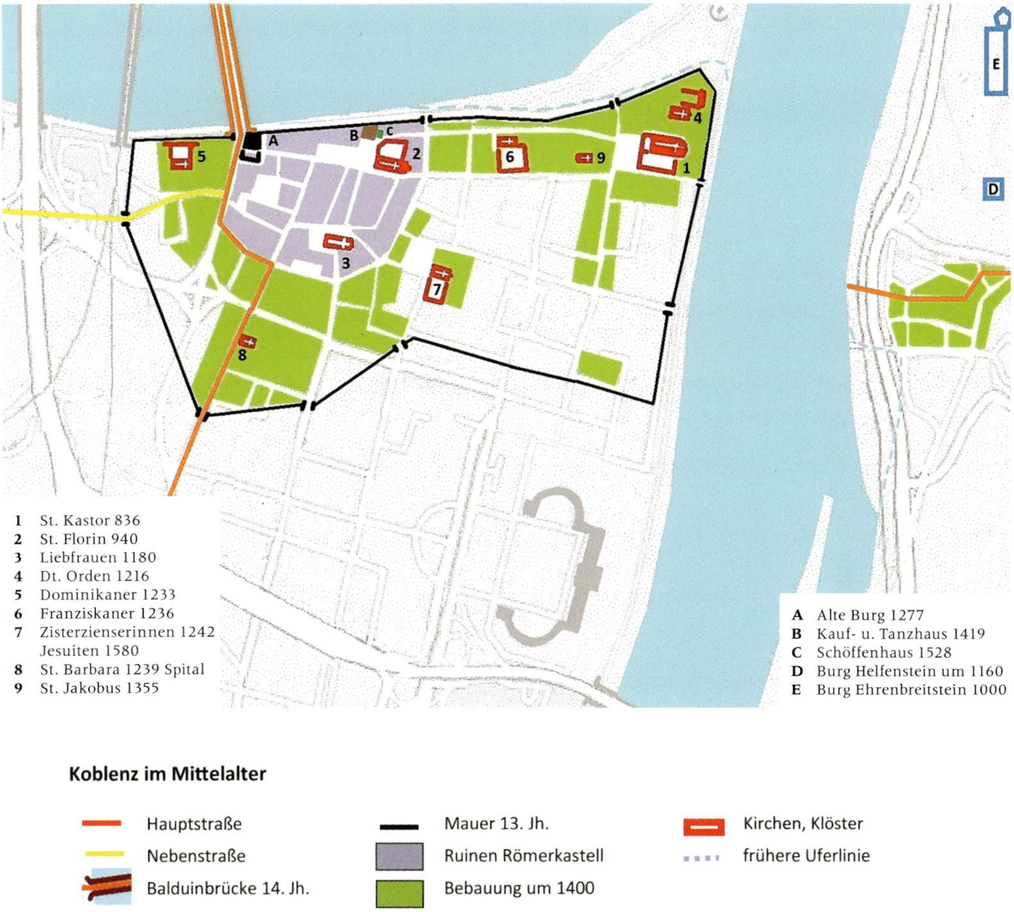

Koblenz im Mittelalter

von Geistlichen zusammen, mussten jedoch nicht im Kloster wohnen. Ihre Palais hatten sie südlich der Kirche in der Florinspfaffengasse. Politisch spielte das Stift eine bedeutende Rolle: Hier wurde die Kasse der Landstände verwahrt, hier verweilten die Bischöfe, wenn es in Trier zu unruhig war.

Als die Franzosen 1794 in Koblenz einmarschierten, verwendeten sie den Kirchenbau als Militärmagazin. 1802 hoben sie das Stift auf und schickten die letzten Chorherren in Rente. Die Einrichtung der Kirche wurde verschleudert und man plante, im leeren Bau das dringend benötigte Schlachthaus mit einer Fleischhalle einzurichten.

1815 kamen die Preußen nach Koblenz – und die waren in der Regel evangelisch. König Friedrich Wilhelm III. kaufte der Stadt Koblenz das Gebäude ab, übertrug es 1818 der evangelischen Militär- und Zivilgemeinde als Kirche und stiftete gleich eine bedeutende Summe für die Renovierung. Von der damaligen Ausstattung im Stil der Neugotik kündet noch das große Altarkreuz von 1820. Evangelische Stadtkirche ist die Florinskirche heute noch.

8 Die Liebfrauenkirche

Die alte Mitte der Stadt

Wer das idyllische Koblenz sucht, mit lauschigen Ecken in verwinkelten Gassen, mit Cafés und den Terrassen von Gaststätten und Weinstuben, mit kleinen Läden für schöne Dinge und bunte Mitbringsel, der fühlt sich in der Koblenzer Altstadt wohl. Im Mittelpunkt liegt die Liebfrauenkirche, die unübersehbar mit ihren barocken Hauben das Stadtbild beherrscht.

500 m 1 h

Tourencharakter
Von der Liebfrauenkirche Bummel durch die Mehlgasse (beschauliche Innenhöfe) und die Gemüsegasse; dann nach Süden Durchgang zum Plan, westlich zu den „Vier Türmen", zurück durch die Marktstraße und „An der Liebfrauenkirche"

Ausgangs-/Endpunkt
Platz vor dem Eingang der Liebfrauenkirche

Anfahrt/Parken
Parkhäuser in der Innenstadt; wenige Parkplätze am Florinsmarkt

Einkehr
Zahlreiche Möglichkeiten, z. B. „Altes Brauhaus", volkstümliche Bierwirtschaft in der Braugasse 4 hinter dem Chor der Liebfrauenkirche, tägl. durchgehend ab 12 Uhr;
„Wirtshaus Alt Coblenz", Am Plan 13, Traditionsrestaurant im „Drouvenschen Haus" von 1779, kein Ruhetag, Mo ab 16 Uhr, Di–So ab 12 Uhr.

Der besondere Tipp
Lassen Sie sich von einem Koblenzer Nachtwächter durch die romantische Altstadt führen; samstags, Termine und Anmeldung in der Koblenz-Touristik, Zentralplatz

Eine Krone im Stadtwappen?

„San**C**ta **M**ar**I**a **D**e Pa**C**e ora pro nob**I**s" (Heilige Maria vom Frieden, bitt für uns!) – Die Inschrift unter der Muttergottesstatue an der Liebfrauenkirche, dem einzigen figürlichen Schmuck der Fassade, verweist auf die besondere Beziehung, die zwischen den Koblenzer Bürgern und ihrer „Owerpfarrkirch" besteht. Wer genau hinsieht, dem verraten die hervorgehobenen Buchstaben der Inschrift in römischen Zahlzeichen auch das Aufstellungsjahr der Statue: MDCCII – 1702. Nach dem Beschuss durch die Franzosen 1688 war die Kirche zu diesem Zeitpunkt gerade wiederhergestellt worden und hatte vom kurfürstlichen Baumeister Sebastiani ihre charakteristischen barocken Hauben erhalten, die auch optisch den Mittelpunkt der Koblenzer Altstadt abgeben. Eine weitere Inschrift am barocken Portal empfiehlt die Stadt Koblenz Maria als ihrer Patronin. Schon auf dem ältesten Stadtsiegel ist die Liebfrauenkirche abgebildet. Noch im heutigen Stadtwappen ist die goldene

Gemüsegasse mit dem Blick auf die Liebfrauenkirche.

Die Marienstatue von 1702.

Krone der Himmelskönigin über das rote Kreuz auf silbernem Grund – das Abzeichen des Erzbistums Trier – gelegt.
Nicht von ungefähr erinnern die romanischen Doppeltürme der Kirchenfassade an die der Florinskirche und an Sankt Kastor (▸ Tour 4) – die Erbauungszeiten liegen nahe beieinander. Und natürlich steht auch die Liebfrauenkirche auf römischen Mauern. Haben die Franken, die neuen Herren nach der Völkerwanderungszeit, in diesen Gebäuderesten einen ersten Betraum eingerichtet? In der Zeit der Karolinger jedenfalls entstand über den Ruinen ein der Mutter Gottes geweihter Kirchenbau als Pfarrkirche der Gemeinde, die sich nun auch innerhalb des alten römischen Kastells wieder ansiedelte.
Das Innere der Kirche zeigt im Langhaus die von Rundbogen geprägte Form der romanischen Basilika aus dem 12. Jahrhundert. Der Blick weitet sich in den erhöhten Chor aus spätgotischer Zeit. Er erhält sein Licht durch hohe Glasfenster, die 1992 von Hans Gottfried von Stockhausen geschaffen wurden. Sie illustrieren das aktuelle Thema „Frauen in der Heilsgeschichte". Über dem Altar hängt ein Kruzifix, die besonders ausdrucksstarke Christusfigur stammt aus dem 14. Jahrhundert. Das erneuerte Kreuz erinnert in seiner seltenen Ypsilon-Form an den „Baum des Lebens", der Knospen als Zeichen der Hoffnung trägt.
Von der Liebfrauenkirche führt ein Durchgang nach Süden zum „Plan" und auch hier überwinden wir wieder die Geländestufe des Altstadthügels. Der rechteckige Platz kann auf seiner Nordseite noch ein schönes Ensemble von Häusern des 18. Jahrhunderts vorweisen. Wir befinden uns hier im Vorfeld der römischen Kastellmauer, die unter den Häuserfassaden im Norden verlief, und dem Graben. Der ebene Platz diente als Fleischmarkt, als Versammlungs- und

Am Plan: Blick auf Barockpalais und Liebfrauenkirche.

Turnierplatz. „Geadelt“ wurde er durch die Ordre des Kurfürsten Clemens Wenzeslaus, der im Zuge des Ausbaus der Stadt hier repräsentative Palais im klassizistischen Stil errichten ließ. Die französische Stadtverwaltung der Revolutionszeit benannte ihn um in Place Napoléon und ließ 1805 in der ehemaligen Stadtkommandantur das Rathaus einrichten. Den Bau rechts daneben errichtete Nikolaus Lauxen 1776 als städtische Schule, Anfang des 20. Jahrhunderts wurde er zur Städtischen Feuerwache umgebaut. 1806 entstand Am Plan auch ein neuer öffentlicher Brunnen. Er wurde an die Wasserleitung angeschlossen, die unter Kurfürst Clemens Wenzeslaus zur Versorgung seiner neuen Residenz angelegt worden war.

Im Westen des Platzes stellt die Straßenkreuzung „An den vier Türmen“ einen touristischen Anlaufpunkt dar. Sie geht auf eine geniale Idee des Hofbaumeisters Johann Christoph Sebastiani zurück. Dieser ließ beim Wiederaufbau der 1688 abgebrannten Gebäude jeweils einen Erker über Eck anfügen – ein sehenswertes Ensemble.

Die belebte Löhrstraße, die Koblenzer Einkaufsmeile, markiert den in Nord-Süd-Richtung verlaufenden Straßenzug der Römerstraße von Straßburg über Mainz nach Köln. Ein wenig nördlich der Kreuzung, etwa in der Mitte der Marktstraße, weist uns eine Bronzeplatte im Pflaster auf den Standort des Südtores in der Römermauer hin (▸ Tour 6).

9 Der Metternicher Hof

Wie wird ein Koblenzer Graf Staatskanzler in Wien?

Der Münzplatz hält die Erinnerung an die einstige wirtschaftliche Bedeutung von Koblenz wach. Seit dem 14. Jahrhundert war die Stadt Hauptmünzplatz des Kurfürstentums Trier. Im Westen verweist ein eher unscheinbares Gebäude auf einen der größten Söhne der Stadt: der Metternicher Hof.

500 m

0,5 h

Tourencharakter
Stadtbummel barrierefrei
Ausgangs-/Endpunkt
Parkhaus im Löhr-Center
Anfahrt/Parken
Von der B 9 Ausfahrt „Saarplatz" in das Parkhaus im Löhr-Center

Zugang
Vom Parkhaus Richtung Zentrum zur Löhrstraße; weiter durch die Marktstraße zum Münzplatz, zurück über Altenhofstraße und „An der Moselbrücke"
Einkehr
Zahlreiche Straßencafés am Münzplatz; z. B.: „Wiener Café" unter den Arkaden auf der Nordseite.
Der besondere Tipp
Wechselnde Ausstellungen von regionalen Künstlern und Gästen im Metternicher Hof

Der Münzplatz entstand Anfang des 19. Jahrhunderts, als man eine Reihe von Werkstätten, Gärten und Wirtschaftsgebäuden abräumte, um einen Gemüsemarkt einzurichten. Von der Münze kündet heute nur noch das 1761–1763 errichtete Wohnhaus des Münzmeisters. Von 1952 bis 1978 war im barocken Münzhaus die Polizeiwache untergebracht.

Der Metternicher Hof auf der Westseite wurde 1644 von der Familie Metternich-Winneburg-Beilstein, einem an der Mosel ansässigen Geschlecht, erworben – mit dem heutigen Stadtteil Metternich hat der Name nichts zu tun. Hier kam 1773 der berühmteste Träger des Namens zur Welt: Clemens Wenzel Lothar von Metternich.

Lebendige Kunst und historische Reminiszenz am Münzplatz: Schupo und Gemüsefrau als geschätztes Fotomotiv.

Seine glanzvolle Karriere beendete er, in den Fürstenstand erhoben, als österreichischer Staatskanzler. Der Vater, Franz Georg Karl, diente dem Trierer Kurfürsten als Gesandter am Kaiserhof, 1773 trat er in kaiserliche Dienste. Die Familie flüchtete vor den französischen Armeen 1794 nach Wien.

Sein Sohn Clemens Wenzel Lothar hatte den Kurfürsten zum Taufpaten – daher rühren seine Vornamen. Er absolvierte 1788 bis 1790 in Straßburg ein staatsrechtliches Studium, um sich auf eine diplomatische Laufbahn vorzubereiten. Seine Lehrer schulten ihn im Geiste eines Gleichgewichts der europäischen Mächte. In Straßburg erlebte Metternich die Ausläufer der jakobinischen Revolution in Paris. In Wien profitierte er von den glänzenden Beziehungen des Vaters: 1795 heiratete er die Enkelin des österreichischen Staatskanzlers Kaunitz und fand somit Zugang in die höchsten Kreise der Gesellschaft. Seit 1797 im österreichischen Staatsdienst, verdiente sich Clemens seine politischen Sporen als Gesandter auf dem Rastatter Kongress. Über Stationen in Dresden und Berlin kam er 1806 nach Paris. Dort nutzte er seine Beziehungen zur Damenwelt, um sich zu einem der besten Kenner Napoleons heranzubilden. 1809, in der schwierigen Zeit nach der Niederlage von Austerlitz, wurde Metternich österreichischer Außenminister. Der Wiener Kongress 1814 bildete den Höhepunkt seines Wirkens. Es gelang ihm, eine Friedensordnung von 40 Jahren für Europa zu schaffen; andererseits wurde sein Name bald zum Synonym für die Unterdrückung der liberalen und nationalen Ideen.

Portal des Metternicher Hofes mit dem Wappen.

Der Metternicher Hof war unter der französischen Herrschaft Staatseigentum geworden. 1806 wurde im Gebäude eine Rechtsschule eingerichtet – ein Vorläufer der Universität.

1969 erwarb die Stadt Koblenz das Anwesen und baute es zur Jugendbegegnungsstätte und zu einem Künstlerzentrum aus.

Eine Sektmarke erinnert heute an den Fürsten.

10 Die Preußische Bezirksregierung

Pomp für Preußen

Wer mit dem Schiff in Koblenz ankommt, hat die monumentale Rheinfront mit dem Kaiserdenkmal als Blickfang direkt vor Augen. Rheinaufwärts säumen schlossartige Gebäude die baumbestandene Rheinpromenade. Auf dem Turm der ehemaligen Bezirksregierung prunkt markig der preußische Adler – bis zum Zweiten Weltkrieg blickte er auf seine rheinischen Untertanen herab.

1 km

1 h

Tourencharakter
Stadtbummel barrierefrei
Ausgangs-/Endpunkt
Clemensplatz vor dem Schloss oder Görresplatz
Anfahrt/Parken
Parkhaus Schloss oder Parkhaus Görresplatz: Anfahrt über Poststraße und Gerichtsstraße

Zugang
Vom Schloss über die Stresemannstraße zum Konrad-Adenauer-Ufer; vom Görresplatz über die Rheinstraße zum Rheinufer
Einkehr
Zahlreiche Terrassenrestaurants am Konrad-Adenauer-Ufer, z. B.: „Restaurant Augusta", Rheinstraße 2 A; günstiges Mittagsmenü

Wie kam der preußische Adler an den Rhein?

Die französischen Revolutionskriege hatten die Landkarte Deutschlands verändert. Die linksrheinischen Gebiete fielen an Frankreich; das alte Deutsche Reich ging zugrunde.
Das Königreich Preußen war auf sein Kerngebiet im Osten reduziert worden, nutzte jedoch die Niederlage zu umfassenden Reformen und stellte sich an die Spitze der deutschen Nationalbewegung. In Waterloo endete schließlich 1814 die französische Vorherrschaft in Europa und die Siegermächte regelten auf dem Kongress in Wien 1814/1815 die staatliche Neuordnung. Frankreich wurde auf die Grenzen von 1792 zurückgeführt, die Territorien aus dem französischen Erbe an Niederrhein und Mittelrhein wurden politisch zusammengefasst und Preußen übergeben. Das Königreich Preußen herrschte im Westen nunmehr über einen zusammenhängenden Länderblock; als größte deutsche Militärmacht sah es sich beauftragt, die Westgrenze Deutschlands gegenüber Frankreich zu sichern, die „Wacht am Rhein" zu übernehmen.
Auch die linksrheinischen Gebiete wurden 1815 von Preußen in Besitz genommen. Koblenz, einst kurfürstliche Residenz und französische Départementshauptstadt, kam dabei schnell

Turm der früheren Preußischen Bezirksregierung.

Prunkfassade des Festsaalbaus. Die Statuen sind eine Reverenz an die Region: oben Sankt Georg, der Patron des Deutschen Ordens – von der Ordensniederlassung am „Deutschen Eck" lässt sich eine direkte Linie zu Preußen ziehen. Unten: die Allegorien des Weinbaus und der Schifffahrt.

wieder zu Regierungsehren: Die Stadt wurde Sitz einer Bezirksregierung und Hauptort der Provinz Niederrhein.

Eine Burg für den Regierungspräsidenten

Zunächst ließ sich die Bezirksregierung im alten kurtrierischen Regierungsgebäude an der Rheinstraße – an der Stelle des heutigen Baus – nieder. Nachdem das Gebäude 1901 abgebrannt war, entschloss sich Berlin zu einem Neubau. Zur gleichen Zeit sollten Minden und Potsdam neue Regierungsgebäude erhalten: Im Zentralblatt der Bauverwaltung von 1903 wurden sie vorgestellt: „Die Gestaltung der Architektur in den drei Entwürfen schließt sich an die örtliche Bauweise an", hieß es dort. Es werde großer Wert „auf eine wirkungsvolle Gruppierung der Baumassen gelegt. Die Ausführung der Fassaden und die Durchbildung des Innern wird durchweg in monumentaler Weise erfolgen." Für Koblenz wurde „ein freier behandelter romanischer Stil" ausgewählt. Das Ergebnis sehen wir in der Prunkfassade des Regierungsgebäudes am Rheinufer vor uns. Romanik – dafür gibt es im Rheinland in der Tat eine Fülle von architektonischen Zeugnissen, ein Muster für den Koblenzer Verwaltungsbau suchen wir jedoch vergeblich. „Rheinisch" sind gerade mal die schwarzen Basaltsäulchen in den Laibungen der Rundbögen oder das Rautendach des höheren Turms, das wir gleich nebenan an der Kastorkirche wiederfinden.

Dienstvilla von Westen, heute ein Dienstsitz des Oberlandesgerichts.

Die frühere Preußische Bezirksregierung in Koblenz, erbaut 1902 bis 1906 von Paul Kieschke.

Nicht zuletzt hat das Rheintal natürlich auch mit zahllosen Burgen aufzuwarten. Südlich der Beamtenburg, etwas zurückgesetzt und hinter alten Bäumen versteckt, findet sich ein dreigeschossiger Anbau – die Dienstvilla des Regierungspräsidenten. „Dienstliche Rücksichten", so der Architekt, erforderten es, dass der Präsident von seiner Wohnung aus direkten Zugang zu seinen Arbeitsräumen hatte. Dem diente der überdachte Wandelgang zwischen der Villa und dem Amtsgebäude. In Koblenz kam man der Bequemlichkeit des staatlichen Repräsentanten sogar noch weiter entgegen, indem man den Hauptsitzungssaal gleich noch auf halbem Wege mit unterbrachte. So konnte er gleich noch für Empfänge mitbenutzt werden, „da die Zahl und Größe der den Regierungspräsidenten zugebilligten Wohnräume dem Repräsentationsbedürfnis nicht immer genügt" – da achtete offenbar noch kein Steuerzahlerbund auf die Verwaltungsausgaben.

11 Das Preußische Oberpräsidium

Ein Schloss für den Präsidenten

Koblenz war in der preußischen Zeit nicht nur Sitz einer Bezirksregierung, sondern Hauptstadt der ganzen Rheinprovinz. Der Oberpräsident erhielt auch ein neues Dienstgebäude – und das hob sich deutlich ab von der „Beamtenburg".

500 m | 0,5 h

Tourencharakter
Stadtbummel, barrierefrei
Ausgangs-/Endpunkt
Schlossrondell
Anfahrt/Parken
Tiefgarage Schloss, vom Friedrich-Ebert-Ring oder der Pfaffendorfer Brücke, Zufahrt über „Neustadt"

Zugang
Vom Schlossrondell am Schloss vorbei zur Stresemannstraße
Einkehr
„Steakhaus Buffalo", Deinhardplatz 1, im Hotel „Trierer Hof",
tägl. durchgehend geöffnet ab 11.30 Uhr

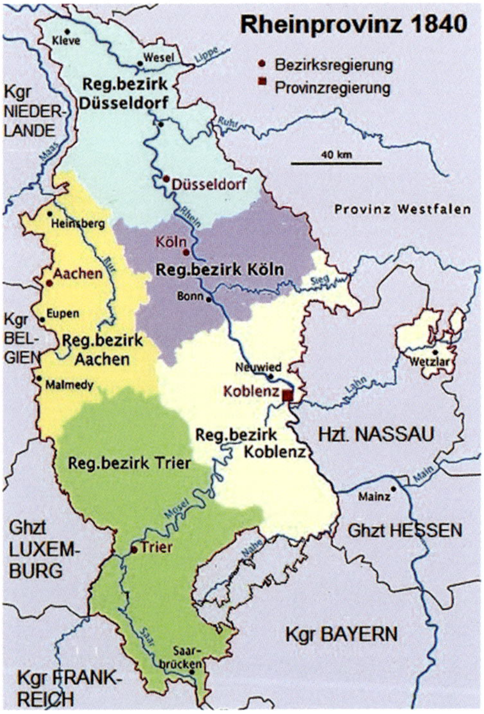

Gleich gegenüber der einstigen rundbogigen Villa für den Präsidenten des Regierungsbezirkes in der Stresemannstraße finden wir ein anderes repräsentatives Gebäude: fünf Jahre später erbaut als die romanische Burg, nun aber in den Formen eines Barockschlosses. Die Baulichkeiten waren ursprünglich bestimmt für den Oberpräsidenten der Rheinprovinz, den Vertreter des preußischen Königs gegenüber den Bezirksregierungen.

Die Rheinprovinz

Im neu gewonnenen Rheinland richtete Preußen zunächst zwei Provinzen ein: Jülich-Kleve-Berg mit dem Hauptort Köln und eine Provinz mit dem eigenartigen Namen „Niederrhein" im Süden, Hauptort war Koblenz. 1822 wurden

Haupteingang zum früheren Oberpräsidium, heute Struktur- und Genehmigungsdirektion Nord. Im Vordergrund das Mahnmal für die Verfolgten der nationalsozialistischen Gewaltherrschaft, geschaffen 2001 von Jürgen Waxweiler.

beide Provinzen zusammengelegt zur „Rheinprovinz“ mit dem Regierungssitz Koblenz; der Landtag trat im „Ständehaus“ in Düsseldorf zusammen.

Den ersten Dienstsitz hatte der Oberpräsident im einstigen kurfürstlichen Schloss, in das nach der Franzosenzeit verschiedene Militärverwaltungen und Gerichtsstellen eingezogen waren (▶ Tour 13). Diese Umgebung war zwar standesgemäß, aber bis zur Jahrhundertwende reichte der Platz für die Amtsstuben nicht

mehr aus. 1905 wurde der Beschluss „für die Errichtung eines Wohnhauses und eines damit zusammenhängenden Dienstgebäudes“ für den Oberpräsidenten gefasst – man achte auf die Reihenfolge! Als Bauplatz kam nur ein Grundstück in Staatsbesitz infrage, ein schmaler Streifen zwischen Kurfürstlichem Schloss und dem Neubau der Bezirksregierung.
Die „Schokoladenseite“ des Geländes zum Rhein hin war nur sehr schmal; der Bau musste seine Hauptfront also nach Norden zur heutigen Stresemannstraße hin wenden. Die repräsentative Villa für den Oberpräsidenten kam so nach Osten an den Rhein. Da sie der Villa des Regierungspräsidenten gegenüber liegt, kann man an der Größe des Gebäudes den Rang des jeweiligen Oberbeamten ablesen.
Nach dem gleichen Grundmuster wie bei der Bezirksregierung konnte der Oberpräsident über eine Galerie direkt sein Dienstzimmer im Amtsgebäude erreichen. Den richtigen Baustil zu finden, war allerdings nicht einfach: Auf der einen Seite das klassizistische Kurfürstliche Schloss, auf der anderen Seite die wuchtige „romanische“ Burg der Bezirksregierung. Die „Zeitschrift für Bauwesen“ von 1913 führt dazu aus: „Für die Außenarchitektur wurden süddeutsche Barockformen gewählt im freien Anschlusse an das Vorbild des Balthasar Neumannschen Dikasterialbaues in Ehrenbreitstein.“ (▸ Tour 12) Die Sockelzone und die Fensterrahmungen wurden in rotem Sandstein der Mainregion ausgeführt, die Wandflächen verputzt, das Dach mit Schiefer gedeckt – ein Gebäude also, das wirklich die örtliche Bautradition aufnahm. Hatten die Architekten erspürt, welchen Fremdkörper das gerade fertiggestellte neoromanische Monument der Bezirksregierung am Rheinufer darstellte?
Nach dem Ersten Weltkrieg erhielt der Bau eine neue Zweckbestimmung. Von 1920 bis 1929 residierte hier der französische Oberkommissar Paul Tirard. Die „Gleichschaltung“ der Nationalsozialisten entmachtete 1933 die Oberpräsidenten, der Zweite Weltkrieg bedeutete das Ende für den Staat Preußen.
Mitte Juli 1945 erhielten die Franzosen die Pfalz, die linksrheinischen Gebiete Rheinhessens und die Regierungsbezirke Trier und Koblenz als Besatzungsgebiet zugewiesen. Durch die „Ordonnance Nr. 57“ verfügte General Pierre Koenig am 30. August 1946, dass daraus ein „rheinpfälzisches“ Bundesland geschaffen werden sollte. Zur Hauptstadt bestimmte er Mainz. In der ausgebombten Stadt gab es freilich weder Räumlichkeiten für Behörden noch Wohnungen. Koblenz, die alte preußische Provinzhauptstadt, konnte – trotz aller Kriegsschäden – beides anbieten.

Koblenz als Hauptstadt von Rheinland-Pfalz?

So trat die Beratende Landesversammlung am 22. November 1946 im Koblenzer Stadttheater zusammen, um eine Verfassung auszuarbeiten. Im Mai 1947 wurde ein Landtag gewählt, der am 4. Juni 1947 im Großen Rathaussaal von Koblenz (▸ Tour 17) zusammentrat und später im Görreshaus tagte.
In das frühere Preußische Oberpräsidium zogen 1947 Staatskanzlei, Innen- und Justizministerium von Rheinland-Pfalz ein.

Schräg gegenüber dem Oberpräsidium: Im Koblenzer Stadttheater entstand die Landesverfassung.

Die Ministerien für Wirtschaft, Finanzen und Wiederaufbau bezogen das Lehrerinnenseminar Oberwerth. Faktisch war Koblenz so Hauptstadt des neuen Bundeslandes Rheinland-Pfalz und es sprach zunächst nichts dagegen, dass es das auch bleiben konnte. Denn trotz aller Bedenken konstituierte sich das bunt zusammengewürfelte Bundesland Rheinland-Pfalz zusehends, seit Juli 1947 gab es eine stabile Regierung unter Ministerpräsident Peter Altmeier. Fehlte nur noch der „Mittelpunkt“ – die Hauptstadt.

Ende 1948 warf der Mainzer Oberbürgermeister in einer Rundfunkansprache das Thema „Umzug der Regierung“ wieder auf; die Debatte verlief hitzig und wurde erst im Mai 1950 zugunsten von Mainz entschieden. Die Regierung übersiedelte im Laufe des gleichen Jahres. Am 18. Mai 1951 tagte der Landtag erstmals in den neuen Räumlichkeiten im Mainzer „Deutschhaus“. Trostpflaster für Koblenz: das Bundesarchiv (▶ Tour 23) und einige Bundesbehörden.

Koblenz setzte aber auch noch auf eine ganz andere Karte: 1948 bewarb es sich um den Sitz des Parlamentarischen Rats, der eine Verfassung für Deutschland ausarbeiten sollte. Im Juli 1948 tagten die deutschen Ministerpräsidenten auf dem „Rittersturz“, einem Ausflugslokal südlich von Koblenz, um die vorbereitenden „Frankfurter Dokumente“ zu diskutieren. Doch trug im Oktober des Jahres Bonn den Sieg davon.

12 Ehrenbreitstein

Residenz im Schutz der Burg

Ein Ort im Schutz der Burg und der späteren Festung, später ein Stadtteil gegenüber der Moselmündung – und außerdem befand sich hier 150 Jahre lang die Schaltstelle der Politik des Kurfürstentums Trier.

1 km | 2 h

Tourencharakter
Spaziergang in der Stadt; Kopfsteinpflaster, Randsteine!

Ausgangs-/Endpunkt
Kapuzinerplatz vor der Kirche; durch die Hofstraße nach Norden zu Dikasterium und Marstall; ein Stück auf der Charlottenstraße, vorbei am früheren Amtsgericht und Rheinmuseum, dann nach rechts durch das alte Stadtviertel zurück zum Kapuzinerplatz

Anfahrt/Parken
Zufahrt mit dem Auto vom Stadtzentrum Koblenz über die Pfaffensteiner Brücke und die B 42; parken im Parkdeck unter der B 42

Zugang
Vom Stadtzentrum zu Fuß am attraktivsten mit der Personenfähre vom Pegelhaus am Konrad-Adenauer-Ufer

Einkehr
Café am Kapuzinerplatz;
am Rheinufer: „Diehls Hotel Koblenz", elegante Terrasse mit Blick auf das Stadtzentrum von Koblenz

Der besondere Tipp
Besuch im Rhein-Museum, Charlottenstr. 53a, täglich außer Mo 10–17 Uhr;
Die Sammlung bietet einen umfassenden Überblick über die Schifffahrt auf dem Rhein mit Modellen, Bildern und Schaustücken, zum Fischfang, zur Alltagskultur und Rheinromantik.

Ehrenbreitstein – das war zunächst der Brückenkopf der Römerbrücke über den Rhein, dann der Taleinschnitt mit der Handelsstraße in den Westerwald. Der Schwemmkegel bot nicht viel Platz für Siedlungen zwischen Rhein und steilem Hochufer, allerdings wurde das Gefälle von drei Bächen für zahlreiche Mühlen genutzt.

Der kleine Ort wird überragt von einem hohen Felssporn, der sich für die Anlage von Befestigungen zum Schutz der gegenüberliegenden Moselmündung geradezu anbot. Die Römer unterhielten hier einen Wachtturm, ab dem 11. Jahrhundert trug der Felsen die Burg Ehrenbrechtstein, später Ehrenbreitstein, nach der der Ort benannt wurde. Die Trierer Kurfürsten bauten die Burganlage zu ihrem Bollwerk „Hermannstein" am Rhein aus, in dessen Schutz sie sich gerne zurückzogen – insbesondere, wenn es wieder mal Streit gab mit der Stadt Trier, die den Titel „Freie Reichsstadt" für sich beanspruchte. Die Burgsiedlung erlebte einen gewaltigen Aufstieg, als 1629 Erzbischof Christoph von Sötern unterhalb der Burg eine neue Residenz, die Philippsburg, erbaute und seine Residenz von Trier dorthin verlegte.

Blick vom linken Rheinufer auf Stadtteil und Festung Ehrenbreitstein.

In Koblenz – genauer gesagt auf Ehrenbreitstein – fühlten sich die Kurfürsten sicherer als in der Grenzregion Trier. Frankreich drängte immer weiter nach Osten, die Bistümer Metz, Toul und Verdun waren schon 1552 an Frankreich gefallen und gehörten nur mehr pro forma zum Erzbistum. Im Dreißigjährigen Krieg erlebte die Stadt Trier die Einquartierung von spanischen und französischen Truppen. Sie blieb zwar bis an das Ende des Alten Reichs Hauptstadt des Erzstifts, die Kurfürsten residierten indes am Rhein.

Von 1626 bis 1629 entstand auf engem Raum am Rheinufer ein Schloss nach dem Vorbild des Kurmainzer Schlosses in Aschaffenburg. Die Residenz war umgeben von Befestigungsanlagen, die sie vor Zerstörung schützten, als die Kämpfe von 1636 den daneben liegenden Ort in Schutt und Asche legten. Im Pfälzer Erbfolgekrieg 1688 wurden Ehrenbreitstein und Koblenz erneut zerstört.

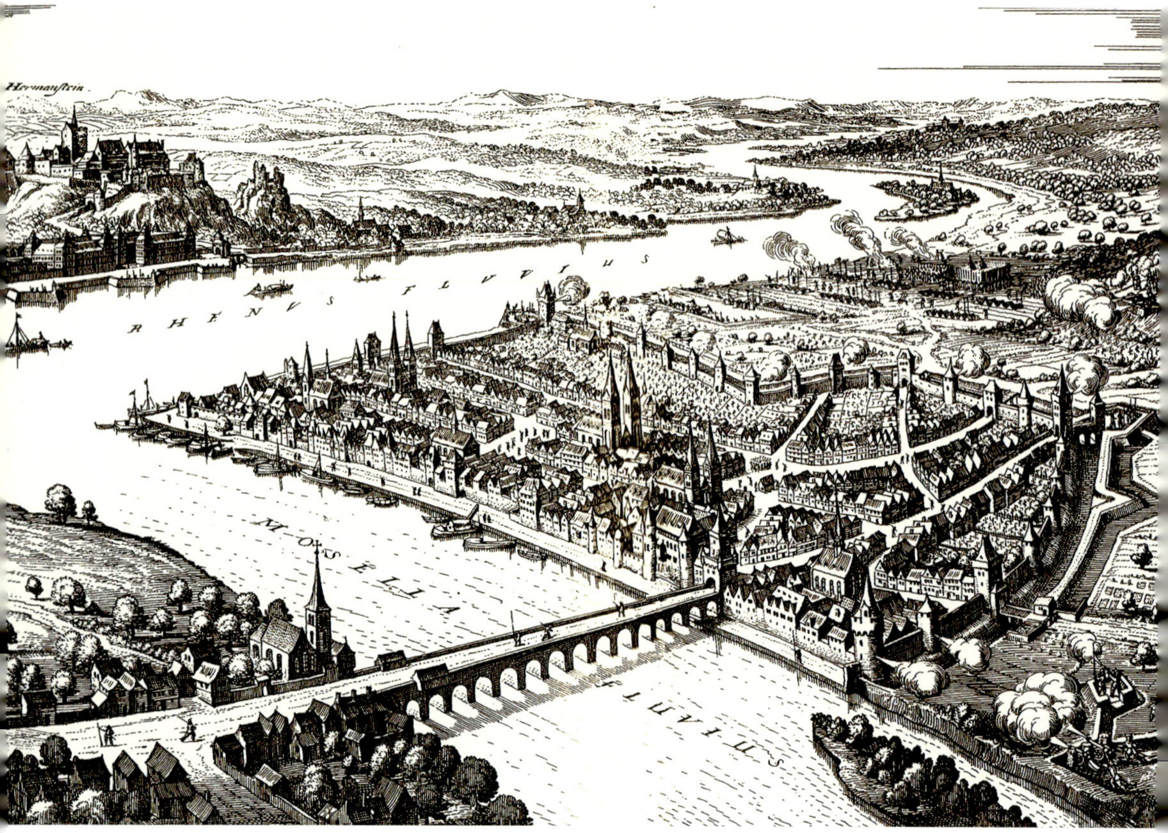

Beschießung von Koblenz 1632 durch die Schweden – Stich von Matthäus Merian (Ausschnitt). Vorne die Balduinbrücke, links oben die Burg Hermannstein, darunter die fürstliche Residenz Philippsburg.

Von Schloss Philippsburg ist heute nichts mehr zu sehen. Die französischen Revolutionstruppen konnten die Festung Ehrenbreitstein zwar 1799 nach einjähriger Belagerung einnehmen, mussten sich aber nach dem Frieden von Lunéville vom rechten Rheinufer zurückziehen. Sie sprengten zuvor die Festung – und zwar so gründlich, dass die herabprasselnden Trümmer die am Fuße des Steilhanges liegende Residenz kurz und klein schlugen. Erhalten blieb ein barocker Torbau, die „Pagerie" von 1690, der den Weg zur Festung sicherte.

Erinnerungen an die kurtrierische Residenzstadt

Die prachtvollen Gebäude, die wir – verunstaltet von Bahnhof und Schnellstraße – am Ehrenbreitsteiner Rheinufer erblicken, sind eigentlich nur Nebengebäude der Residenz. Es handelt sich um den Sitz der kurfürstlichen Regierung, für den man den Namen des Gerichtsgebäudes im alten Athen auswählte: Dikasterium. Kurfürst Franz Georg von Schönborn trat 1729 sein Amt in Trier an. Er stammte aus dem rheinhessischen Geschlecht von

Reichsgrafen, die seit der Mitte des 17. Jahrhunderts über drei Generationen die großen Bistümer an Main, Rhein und Mosel innehatten. Sein Bruder, Johann Philipp Franz, Fürstbischof von Würzburg, hatte den berühmten Baumeister Balthasar Neumann in seinen Diensten, den sich Franz Georg als Festungsbaumeister und Hofarchitekten „auslieh". Mit Balthasar Neumann hielt der fränkische Hochbarock auch Einzug im Kurfürstentum Trier. Balthasar Neumann zeichnete die Pläne für den Verwaltungsbau, der, zwischen 1739–1749 errichtet, tatsächlich die Form eines Schlosses annahm. Die Bauleitung hatte Johannes Seiz, der begabteste Schüler Neumanns. Südlich vom Dikasterium errichtete Johannes Seiz 1762 den kurfürstlichen Marstall, ein figurengeschmücktes Portal verweist auf die ehemalige Verwendung des Gebäudes.

Erst im 18. Jahrhundert erlebte Ehrenbreitstein seine Blüte als kurtrierisches Residenzstädtchen. Kurfürst Karl von Lothringen ließ in der Hofstraße eine Reihe von stattlichen Palais für seine Hofbeamten errichten. Das mustergültig renovierte Palais des Hofkammerrats Coenen stellt mit seiner Freitreppe den Blickfang des durch alle Zeitläufe weitgehend erhaltenen Straßenbildes dar. Die Treppe

Das „Dikasterium" in Ehrenbreitstein – der noble Bau ist heute noch Behördensitz.

Das Portal des Marstalls mit Figurenschmuck von Joseph Feill, 1762.

hatte dabei nicht nur schmückende Funktion – bei den häufigen Rheinhochwassern sicherte sie den Zugang zu den höher gelegten Wohnräumen.
Der Glanz der kurfürstlichen Hofhaltung ging verloren, als Kurfürst Clemens Wenzeslaus 1786 vor Koblenz seine luxuriöse neue Residenz erbaute (▸ Tour 13). Ab 1815 aber bestimmte statt fürstlicher Livreen der preußische Soldatenrock das Bild. Ehrenbreitstein war nun preußische Bürgermeisterei, Kopf der Schiffsbrücke und Zufahrtsweg zur Festung.
Der Bau der Festung (▸ Tour 19) beschäftigte bis 1822 bis zu 6.000 Arbeiter, von denen etwa die Hälfte zum Militär gehörte. Viele Handwerker und Tagelöhner ließen sich in der Gemeinde nieder. Seit der Jahrhundertmitte überwogen Angehörige des Militärs, aber auch Beamte aus den Koblenzer Behörden. 1879 erhielt Ehrenbreitstein ein Amtsgericht, aber Einwohnerzahl und Wirtschaftskraft stagnierten. Seit den 1860er-Jahren schneidet die rechtsrheinische Bahnstrecke den Ort mit einem hohen Damm vom Rheinufer ab.
Auf den wirtschaftlichen Niedergang folgte 1937 mit der Eingliederung nach Koblenz das Ende der politischen Selbstständigkeit der Gemeinde. Der Zweite Weltkrieg zog Ehrenbreitstein in Mitleidenschaft, doch blieb die Struktur der barocken Siedlung erhalten. Freilich

Palais Coenen in der Hofstraße, erbaut 1713 von Philipp Ravensteyn.

Koblenz im 17. Jahrhundert

Hauptstraße
Nebenstraße
Fähre
Brücke 14. Jh.
Stadtmauer 13. Jh.
Bastionsbefestigung
Gebiet Römerkastell
Mittelalterl. Bebauung
Bauten 16./17. Jh.
Kirchliche Bauten 16./17. Jh.
Weltliche Bauten

mochte kaum jemand in den überalterten und oft baufälligen Häusern wohnen; die engen Ortsdurchfahrten erstickten unter der Belastung durch den wachsenden Autoverkehr auf zwei Bundesstraßen.

Mittlerweile ist der Ort verkehrsberuhigt und fußgängerfreundlich ausgebaut. Ein Großteil der wertvollen Bausubstanz erstrahlt in neuem Glanze, das einstige Armenviertel gewinnt an neuer Attraktivität. Wer sich für die Rheinschifffahrt interessiert, kommt im Rhein-Museum in der ehemaligen Schule auf seine Kosten. Der Kulturbegeisterte findet im Mutter-Beethoven-Haus Schätze zur Biografie des großen Komponisten.

13 Das Kurfürstliche Schloss

Die letzten Jahre des Alten Reichs

Die Koblenzer Rheinfront beschließt im Süden, etwas versteckt hinter alten Bäumen, ein repräsentativer Bau in noblen Grautönen – er hat es nicht ganz leicht, sich neben dem wuchtigen Regierungsgebäude zu behaupten. Als Residenz sollte er einst den Glanz des Kurfürsten erhöhen, mittlerweile dient er als Behördensitz.

1 km

1 h

Tourencharakter
Spaziergang durch den Schlosspark; barrierefrei
Ausgangs-/Endpunkt
Schlossrondell
Anfahrt/Parken
Von der Friedrich-Ebert-Straße und der Pfaffensteiner Brücke über die „Neustadt", Einfahrt in die Tiefgarage vor dem Schloss

Einkehr
Im Schloss „Grand Café Einstein's", sonnige Terrasse,
Mi–So 14–19 Uhr
Der besondere Tipp
Die Blumenrabatten auf den Seiten des Schlossrondells laden ein zum Verweilen im Schatten alter Platanen; großer Spielplatz für Kleinkinder, Skateboardanlage für die sportliche Jugend in den Anlagen westlich des Schlosses

Der Königsspross repräsentiert

Bauherr des Residenzschlosses war der Trierer Kurfürst Clemens Wenzeslaus (1768–1803). Clemens Wenzeslaus wurde 1739 als siebenter Sohn des sächsischen Kurfürsten geboren, der unter dem Namen August III. als König in Polen regierte. Die Mutter Maria Josepha war eine Tochter des habsburgischen Kaisers Joseph I.; ihre Schwestern waren verheiratet mit dem französischen Kronprinzen, mit dem König von Spanien und

Der Kurfürst mit den Abzeichen seiner Würde: Mitra und Fürstenhut (George Desmarées, Mittelrhein. Museum Koblenz).

Die Ostfassade des Kurfürstlichen Schlosses blickt zum Rhein.

dem Kurfürsten von Bayern. Clemens Wenzeslaus war für den Militärdienst zu kränklich und so schlug er die geistliche Laufbahn ein – etwas anderes blieb einem nachgeborenen Fürstensohn nicht übrig. 1763, noch vor seiner Priesterweihe, war er schon Bischof in den kleinen Bistümern Regensburg und Freising, ein Prinz aus königlichem Hause strebte freilich nach Höherem. 1768 stand die Bischofswahl im Erzbistum Trier an. Die Intervention Maria Theresias zugunsten ihres Vetters, mehr aber wohl noch die reichen „Gefälligkeiten", mit denen sich die Domherren üblicherweise ihre Stimme abkaufen ließen, gaben wohl den Ausschlag, dass der Sachsenprinz als Kurfürst in Trier einziehen konnte – auf Freising und Regensburg verzichtete er leichthin. Clemens Wenzeslaus konzentrierte sich auf die weltliche Verwaltung des Hochstifts im Sinne der Aufklärung; die Seelsorge überließ er vornehmlich seinen Weihbischöfen.

Der heruntergekommene Bau der Residenz in Ehrenbreitstein, eingezwängt zwischen Fluss und Felswand, entsprach nun ganz und gar nicht den Ambitionen des Kurfürsten und seinen verwandtschaftlichen Beziehungen – ein repräsentativer Neubau musste her! Mannheim, Karlsruhe – das waren nun die Vorbilder.

Die Landstände mussten das nötige Geld bewilligen und der Kurfürst wurde nicht müde, den Delegierten zu schildern, wie baufällig die Philippsburg doch sei und welche Vorteile die Bewohner der Stadt Koblenz hätten, wenn alle Beamten von Ehrenbreitstein über den Rhein nach Koblenz zögen. Der Landtag bewilligte schließlich 400.000 Reichstaler, den Rest musste der Kurfürst aus seiner Privatschatulle dazulegen.

Für sein neues Residenzschloss brauchte Clemens Wenzeslaus Platz – er fand ihn südlich der Altstadt von Koblenz. Die Bastionsbefestigung zwischen dem Löhrtor und dem Rhein ließ er kurzerhand niederlegen, denn die veralteten Verteidigungsanlagen waren landesherrlicher Besitz, das sparte Grunderwerbskosten.

Ein Schloss ohne Goldschmuck?

Zum Architekten wurde Pierre d'Ixnard bestimmt, ein Franzose, der sich mit verschiedenen Schloss- und Kirchenbauten im deutschen Südwesten einen Namen gemacht hatte. Vorbild war nun nicht mehr das italienisch beeinflusste „verspielte“ Rokoko, das eine Generation vorher ein Balthasar Neumann in der Residenz der Würzburger Fürstbischöfe oder im Sommerschloss Augustusburg des Kölner Erzbischofs verwirklichte. Als Fürst der Aufklärung bevorzugte Clemens Wenzeslaus die klaren, strengen Formen der französischen Architektur.

D'Ixnard begann 1778 mit dem Bau, die kurfürstliche Baukommission überwarf sich aber bald mit dem Architekten, der den Kostenrahmen weit zu überziehen drohte. Der Kurfürst holte ein Gutachten gleich bei den Hütern der französischen Architektur ein: der Pariser Bauakademie. Auf ihre Empfehlung hin wurde der Pariser Architekt Antoine François Peyre le Jeune 1780 mit dem Weiterbau beauftragt – mit abgespeckten Plänen.

1786 war der Hauptbau der Residenz bezugsfertig. Vom Standpunkt am Rhein aus überwiegt die Horizontale; der leicht vortretende Mittelbau wird durch einen hohen Portikus mit sechs ionischen Säulen betont, keine geschwungene Linie unterbricht die kühle Ausstrahlung des Baus. Einziger figürlicher Schmuck der Fassade ist ein Relief über dem Säulenportikus, geschaffen von dem Mainzer Bildhauer Sebastian Pfaff, mit dem Wappen des Kurfürsten sowie allegorischen Darstellungen von Rhein und Mosel.

Die Schaufront bietet das Schloss auf der Westseite. Das Erdgeschoss ist in einen Arkadengang aufgelöst. Der Mittelportikus zeigt hinter ionischen Säulen einen wappengeschmückten Balkon mit schmiedeeisernem Gitter. Zwei halbkreisförmige niedrige Anbauten weiten den mit Blumenrabatten geschmückten Vorplatz zum noblen Ehrenhof.

Bliebe noch die Schlosskirche, schließlich haben wir die Residenz eines geistlichen Fürsten vor uns. Der Kirchenraum hatte sich der Architektur unterzuordnen: Er wurde unauffällig im nördlichen Eckbau untergebracht. 1792 wurde die Schlosskirche als letztes Ausstattungsstück eingeweiht. Zu dieser Zeit drohte die Revolution in Paris bereits das Ende der Adelsherrschaft in Europa an. Bereits 1794 erreichten die französischen Revolutionsheere Koblenz; der Kurfürst musste

sich fluchtartig in sein anderes Bistum Augsburg zurückziehen.
Französische Besatzung und napoleonische Zeit bedeuteten das Ende des Kurstaates; mit der Revolutionszeit ging auch die fürstliche Prachtentfaltung zugrunde, für die der Bau bestimmt war – die Zukunft bescherte dem Schloss vornehmlich Schreibtische.

Was tun mit einem leeren Schloss?

Der Bau diente zunächst den Franzosen als Lazarett und Kaserne. Auch die Preußen, neue Herren nach 1814, hatten keine rechte Verwendung dafür. In einem Brief an seine Mutter schrieb Fürst Metternich am 15. September 1818: „Das Schloss selbst ist das Bild eines ganz verlassenen Gebäudes. Türen, Fenster, alles ist zerbrochen. Es beherbergt heute einige militärische Anlagen. Der König will es wieder herstellen, aber eine endgültige Bestimmung ist noch nicht getroffen."
1823 nahm der Oberpräsident der Rheinprovinz hier seinen Sitz. Gerichtsstellen und Ämter wurden im Gebäude untergebracht. Bessere Zeiten brachen für das Schloss erst wieder an, als 1842 König Friedrich Wilhelm IV. von Preußen den Befehl gab, „um gleich so vielen anderen dem Verfalle entgegengehenden Baudenkmälern auch diesen Bau zu neuem Glanze erstehen zu lassen". Das Obergeschoss wurde zur Residenz für das Königshaus ausgebaut, wenn es das Rheinland besuchte. Im Erdgeschoss wurden Wohnräume und Dienstzimmer für den Oberpräsidenten eingerichtet.

Beliebtes Fotomotiv im Schlossgarten: die antikisierende Statue von Johann Hartung (1854) – Rhein und Mosel.

Der repräsentative Balkon des Trierer Kurfürsten an der Westfront des Schlosses.

14 Die Neustadt

„Der Fürst seinen Nachbarn“

In der Zeit der Aufklärung sollte ein Schloss nicht mehr fern der Stadt in einem großen Park liegen, sondern vielmehr das Zentrum einer geometrisch geplanten Stadt darstellen. Mit den Entwürfen von Karlsruhe oder Mannheim konnte Koblenz da zwar nicht mithalten – der Ansatz ist aber doch zu erkennen.

1 km 1 h

Tourencharakter
Stadtbummel ohne Hindernisse: vom Schlossrondell Abstecher in die Schloss-Straße, dann zurück zur „Neustadt“; auf der Allee Richtung Norden bis zur Clemensstraße, über den Clemensplatz zurück zum Schloss

Ausgangs-/Endpunkt
Schlossrondell

Anfahrt/Parken
Vom Friedrich-Ebert-Ring und der Pfaffensteiner Brücke

Zufahrt
über die „Neustadt“ in die Tiefgarage vor dem Schloss

Einkehr
„Restaurant Deinhard's“ im alten Stammhaus der Sektkellerei, Deinhardplatz 3, gegenüber dem Schloss,
tägl. 17–24 Uhr, Montag Ruhetag

Der besondere Tipp
Führung durch die historischen Keller des Hauses Deinhard, Museum und Sektverkostung nach Anmeldung

Der historische Umschwung der Revolution hatte die vom Kurfürsten geplante Erweiterung der Stadt Koblenz nicht über die Anfänge hinauskommen lassen. Immerhin wurden die Baulinien festgelegt – über das Straßennetz lässt sich das noch heute gut im Stadtplan ablesen. Die geometrisch-planvoll nach Westen hin angelegte Neustadt sollte das mittelalterliche Koblenz umfassen: vom Rheinufer bis zu den heutigen Bahnanlagen. Mit ihren auf das Schloss bezogenen Fluchtlinien bestimmt die Neustadt den Grundriss der Stadterweiterung im Süden der Altstadt Koblenz bis in das 20. Jahrhundert – vom Schlossrondell aus hat man das gut im Blick.

Die Symmetrieachse des Schlosses wird verlängert durch eine schnurgerade Straße nach Westen, die heutige Schloss-Straße. Sie bildet die Hauptachse der Neustadt bis zum Löhrrondell. Im Osten antwortet das Schlossrondell mit seinen im Halbkreis angeordneten Stadthäusern auf den Ehrenhof der Residenz. Die geschlossene Häuserreihe an diesem repräsentativen Ort war für Wohnungen der Hofbeamten und öffentliche Bauten vorgesehen.

Eine Allee quer zur Hauptachse des Schlosses, die heutige „Neustadt“, trennt

Der Deinhardplatz mit erhaltenen Gebäuden aus dem 18. Jahrhundert: das Theater Koblenz, daneben das Hotel „Trierer Hof", gegenüber in Hellrot das Haus Lassaulx.

den Residenzbereich von der Bürgerstadt. Nach Norden leitet diese Allee über zur Altstadt: An der Schanzenpforte wurde in die mittelalterliche Mauer eine Bresche geschlagen – die heutige Poststraße. Diese traf auf den 1746 angelegten Paradeplatz, heute Görres-Platz. Nach Süden hin führte der Straßenzug in die Gartenlandschaft, die heutige Mainzer Straße.

Davon, wie die Koblenzer Neustadt mit dem Baubeginn 1786 aussah, haben sich nur wenige Spuren am Deinhardplatz erhalten. An der Ecke zur Clemensstraße fallen drei Gebäude mit eleganten klassizistischen Fassaden auf: das Hotel Trierer Hof, das Stadttheater Koblenz und das heutige Deinhardhaus. 1810 ließ sich hier die berühmte Weinhandlung nieder, die sich ab 1843 als Sektproduzent profilierte. Gegenüber, an der Ecke zur Poststraße, hat sich das Haus des Bürgermeisters Lassaulx erhalten.

Das Theater wurde 1787 durch den Hofarchitekten Peter Joseph Krahé erbaut. Es ist – ganz im Sinne der Aufklärungszeit – in einer lateinischen Aufschrift „den Musen, den guten Sitten und der öffentlichen Belustigung" gewidmet. Der Kurfürst hat es als „Conzerthaus mit Billard und Caffee-Schenk" konzipiert;

Koblenz im 18. Jh

Unter Kf. Clemens Wenzeslaus (1768-1794) geplante Neustadt

Reste der Bastionsbefestigung

Bauten des 18. Jahrhunderts

1 Kurfürstl. Regierung 1725
2 Dikasterium 1749
3 Marstall 1764
4 Pagerie 1692
5 Schloss Kf. Clemens Wenzeslaus 1786
6 Theater 1787

bezeichnenderweise ist es von der Lage her nicht dem Schloss, sondern der Bürgerstadt zugeordnet. Freilich hatte der Kurfürst nach dem aufwendigen Schlossbau kein Geld mehr übrig und so brachte er seinen Hofrat Franz Joseph Schmitz dazu, das Theater zu finanzieren. Als Gegenleistung wurde der zum Direktor des „Comoedienhauses" ernannt und von Steuerzahlungen befreit. 1787 wurde das Theater mit Mozarts Singspiel „Die Entführung aus dem Serail" eröffnet. Eine Woche später wurde Schillers „Die Räuber" gegeben – ein Spielplan auf der Höhe der Zeit.

Das Stadttheater hat den Bombenkrieg unzerstört überstanden, weshalb es in der Nachkriegszeit eine neue Bestimmung bekam: Am 22. November 1946 trat hier die „Beratende Landesversammlung" zusammen. 127 gewählte Delegierte hatten den Auftrag, eine Verfassung für das neue Bundesland „Rheinland-Pfalz" auszuarbeiten (▶ Tour 11).

Vor dem Theater erhebt sich ein Obelisk aus rotem Sandstein. Früher war das ein öffentlicher Brunnen mit vier Schalen, der unweit nördlich des heutigen Platzes aufgestellt war. Für die Wasserversorgung seines Schlosses hatte Clemens Wenzeslaus eine

Das Kurfürstliche Schloss aus der Vogelschau. Zur Stadt hin weitet sich der halbrunde Schlossplatz; die Schloss-Straße bildet nach Westen hin die neue Achse der Stadtplanung.

Wasserleitung von Quellen bei Metternich über die Balduinbrücke bis zum Schlossrondell bauen lassen. Die Eisenhütte in Sayn lieferte dafür höchst moderne gusseiserne Rohre. An diese Leitung war der Brunnen am Clemensplatz angeschlossen und verbesserte so die Versorgung des Stadtteils mit gesundem Trinkwasser. Der Kurfürst versäumte nicht, sein gemeinnütziges Wirken gebührend herauszustellen; die Inschrift am Brunnenobelisken vor dem Theater verkündet als Widmung des gnädigen Schlossherrn: „Kurfürst Clemens Wenzeslaus seinen Nachbarn 1781" – die Aufklärung lässt grüßen.

Und was wurde in der Gegenwart aus dem großen kurfürstlichen Residenzschloss? Als Prinz Wilhelm, der spätere Kaiser Wilhelm I., 1850 mit seiner Gemahlin Augusta als Militärgouverneur der Rheinprovinz einzog, konnte sich Koblenz für ein paar Jahrzehnte wieder in einer fürstlichen Hofhaltung sonnen. 1914 beherbergte es kurz das Kaiserliche Feldhauptquartier. Dann aber, nach dem Ende der Monarchie, flatterte im Oktober 1923 über dem Schloss die grün-weiß-rote Flagge der Separatisten, die unter den Schutz der französischen Besatzungsmacht eine – freilich nur sehr kurzlebige – „Rheinische Republik" ausriefen. 1935 weihten die Nationalsozialisten im Schlossrondell eine in den Boden vertiefte germanentümelnde „Thingstätte" ein. Der Platz ging im Bombenkrieg unter, der auch vom Schloss nur eine Brandruine übrig ließ. Der Mittelbau wurde in vereinfachter Form rekonstruiert. Seit 1952 beherbergt das Gebäude wieder Bundesbehörden.

15 Der Rheinpark

Promenieren am Rheinufer

Südlich des Koblenzer Schlosses lädt entlang des Rheinufers eine Allee von prächtigen Platanen zum Bummel ein. Die „Kaiserin-Augusta-Anlagen“ sind ein Geschenk der Gemahlin des preußischen Kronprinzen und späteren Kaisers Wilhelm I. an die Stadt.

3 km 1,5 h

Tourencharakter
Schattiger Spazierweg ohne Hindernisse
Ausgangs-/Endpunkt
Parkplatz am Weindorf
Anfahrt/Parken
Von der Friedrich-Ebert-Allee und der Mainzer Straße Beschilderung „Parkhaus Rhein-Mosel-Halle“ folgen; Parkfläche auch vor der Halle neben dem Weindorf
Einkehr
Biergarten und Café „Rheinanlagen“, Kaiserin-Augusta-Anlagen 20, mit schöner Terrasse im Grünen, tägl. nachmittags geöffnet; Restaurants und Weinstuben im Weindorf Koblenz, Julius-Wegeler-Str. 2, idyllisch in einem Fachwerkensemble, schattiger Innenhof, Di Ruhetag

Augusta und ihr Garten

Augusta Amalia von Sachsen-Weimar-Eisenach heiratete 1829 den preußischen Prinzen Wilhelm, 1850 zog sie mit ihm ins Koblenzer Schloss ein. Am Rhein fühlte sich die Prinzessin wohl, fern vom nüchternen Berlin. Hier konnte sie an die kulturelle Atmosphäre ihrer Jugend in der Weimarer Goethezeit anknüpfen. Auch als Wilhelm 1858 wieder nach Berlin zurückberufen wurde, kehrte Augusta jedes Jahr für längere Zeit nach Koblenz zurück. Auch in den folgenden Jahren widmete sie Koblenz – ihrem „Potsdam am Rhein“ – und vor allem dem Park ihre besondere Fürsorge.

Augusta ließ seit 1856 die verwilderten Rheinauen von ihrem Gartenbaudirektor Peter Joseph Lenné zu einem Aufenthaltsort für die Koblenzer Bevölkerung ausbauen. Der Park sollte mit einer zentralen Platanenallee und reizvollen Ausblicken auf den Rhein nicht nur ein schönes Landschaftsbild abgeben. Königin Augusta wollte mit den Anlagen „die Frauen von den Gassen und die Männer aus den Gasthäusern“ weglocken. So gab es dort ein Observatorium und eine Trinkhalle – nein, nicht für Bier, sondern für den Genuss von Emser Sprudel. Wer dann ruhen wollte, dem stand eine Bibliothek zur Verfügung. Am Wochenende fanden Militärkonzerte statt.

Ein Gegenpol zum „Deutschen Eck": das Augusta-Denkmal in den Rheinanlagen.

Abschluss und Höhepunkt der Anlagen stellen das Kaiserin-Augusta-Denkmal dar, das von der Koblenzer Bürgerschaft 1895/96 gestiftet wurde.

Der Karlsruher Bildhauer Karl Friedrich Moest erhielt den Auftrag für die Sitzfigur aus Carrara-Marmor. Den architektonischen Rahmen lieferte Bruno Schmitz, der Erbauer des Kaiser-Wilhelm-Denkmals. Die Ähnlichkeit der halbrunden Säulenhalle mit dem „Deutschen Eck" fällt ins Auge (▸ Tour 2). Die 1890 verstorbene Kaiserin würde es dem Architekten gedankt haben, dass er bei ihrem Monument auf jeden ins Gigantische übersteigerten Maßstab verzichtete.

Die „Kaiserin-Augusta-Anlagen" enden im Norden an der Pfaffendorfer Brücke – hier drohten die Schießscharten der Koblenzer Kasematten. Die Brücke wurde 1864 als Verbindung der rechts- und linksrheinischen Bahnlinien erbaut. Erst 1932 wurde sie für den Autoverkehr umgebaut.

Vor der Brücke lockt ein idyllisches Ensemble von Fachwerkhäusern zur Einkehr – das Weindorf, erbaut 1925 – mitten im französische besetzten Rheinland – anlässlich der Reichsausstellung „Deutscher Wein". Es kann selbst mit einem winzigen eigenen Weinberg aufwarten! Wenn Sie noch Zeit haben, durchqueren Sie die Brückenhalle mit Souvenirs an das Kronprinzenpaar. Auf der anderen Seite laden die modernen Schloss-Stufen zum Blick auf Ehrenbreitstein ein.

16 Das Görres-Denkmal

Der Adler am Boden?

Am Rheinufer vor dem Schloss schreitet ein bronzener Jüngling, ein Buch vor die Brust gepresst, mit suggestiv erhobener Hand über einen Adler hinweg. Man könnte spekulieren, dass es sich dabei um Joseph Görres handelt.

600 m 0,5 h

Tourencharakter
Spazierweg am Rhein entlang, unter der Pfaffensteiner Brücke hindurch bis vor das Kurfürstliche Schloss
Ausgangs-/Endpunkt
Parkplatz vor dem Weindorf
Anfahrt/Parken
Von der Friedrich-Ebert-Allee und der Mainzer Straße der Beschilderung „Rhein-Mosel-Halle" folgen, gebührenpflichtiger Parkplatz am Weindorf oder Parkgarage Rhein-Mosel-Halle
Erweiterung der Tour
Spaziergang ca. 800 m zum Görres-Haus in der Elzerhofstraße 6: am Rheinufer entlang Richtung Norden bis zur Rheinstraße; über Firmung zur Elzerhofstraße. Ein Bau des Historismus in englischer Gotik, früher Vereinshaus des Katholischen Lesevereins, einem Zentrum des politischen Katholizismus, heute Sitz der Rheinischen Philharmonie

Nein, der Jüngling, das ist nicht Görres, sondern stellt vielmehr eine Symbolfigur dar. Der Gelehrte ist durch ein Bronzerelief am Sockel aus Porphyr verewigt. Keine leichte Aufgabe, ein Denkmal für Joseph Görres, einen berühmten Sohn der Stadt, zu gestalten – bei dem bewegten Lebenslauf! Schreiben konnte er und mitreißend reden.

1776 kam er in Koblenz zur Welt. Als junger Mann begeisterte er sich mit der Zeitschrift „Das rothe Blatt" für die Ideen der Französischen Revolution. Diese wollte er aus nächster Nähe selbst kennenlernen und ging deshalb 1799 nach Paris. Dort musste er erleben, wie sich Napoleon in einem Staatsstreich zum Alleinherrscher erhob – das sah er als Verrat an den republikanischen Idealen an. Enttäuscht ging Görres als Gymnasiallehrer zurück in seine Heimatstadt und widmete sich – ohne je ein Universitätsstudium absolviert zu haben – der Wissenschaft. 1806 erregte er Aufsehen als Privatdozent für Philosophie, Ästhetik und altdeutsche Literatur an der Universität Heidelberg. Dort fand er in der Romantik Arnims und Brentanos eine neue geistige Heimat. Eine Professur erhielt er nicht und so ging er nach vier Semestern zurück nach Koblenz.

1814 begründete er die Zeitschrift „Der Rheinische Merkur", die er bald zum Sprachrohr der deutschen Patrioten im Kampf gegen Napoleon und für die Einführung liberaler Verfassungen in

Deutschland machte. Es konnte nicht ausbleiben, dass er in der Zeit der Restauration unter Metternich schnell in Ungnade fiel. Seine Zeitung wurde 1816 verboten, 1819 ordnete eine Kabinettsordre des Preußenkönigs die Verhaftung an. Doch Görres entkam durch die Flucht nach Straßburg. Vom Liberalen wandelte er sich dort zum katholischen Schriftsteller. Seine Laufbahn beendete er in München: König Ludwig von Bayern berief ihn 1827 als Professor an seine neue Universität. Als Sprecher des politischen Katholizismus verstarb er dort am 29. Januar 1848.

Kurz nach seinem Tode sollte Görres in Koblenz schon ein Denkmal erhalten – der preußische Innenminister erhob dagegen Einspruch. Erst der 150. Geburtstag brachte eine neue Initiative, die mit der Beauftragung des Düsseldorfer Künstlers Richard Langer endete. Das Denkmal wurde 1928 eingeweiht. Die Grundsteinlegung 1926 wie auch die Einweihung waren politische Demonstrationen: 1923 hatten französische Truppen das Rheinland besetzt – die Botschaft von Görres erhielt so eine brisante Aktualität. „Der Rhein ist Teutschlands hochschlagende Pulsader.“ So lautet das Görres-Zitat auf den Seiten der Denkmalbasis. Und: „Lernet Gerechtigkeit. Ihr seid gewarnt und nicht versuchet die Gottheit.“ Deutschland hatte sich dem Versailler Vertrag beugen müssen. Nach der Niederlage im Weltkrieg sitzt der deutsche Adler ermattet auf dem Boden – und muss sich erst wieder in die Lüfte erheben. So ist das Monument für Görres zugleich auch ein Denkmal für die Situation nach dem Ersten Weltkrieg.

Das Denkmal für Joseph Görres am Rheinufer vor dem Schloss.

17 Das Koblenzer Rathaus

Beten – Lehren – Verwalten

Das Rathaus der Stadt Koblenz ist in einem breit hingelagerten schlossartigen Gebäude am Jesuitenplatz untergebracht. Die alten Mauern lassen uns auf zahlreiche Facetten der Stadtgeschichte blicken.

300 m

1,5 h

Tourencharakter
Stadtbummel
Ausgangs-/Endpunkt
Zentralplatz; durch das Schängel-Center und die Rathauspassage zum Jesuitenplatz; zurück über Gymnasialstraße

Anfahrt/Parken
Parkhaus Schängel-Center: Zufahrt über Pfuhlgasse und Clemensstraße; Einfahrt in der Gymnasialgasse
Einkehr
Cafés und Restaurants am Jesuitenplatz mit einladenden Terrassen, z. B. „Altstadt Hotel und Café", Jesuitenplatz 1, täglich 11–18 Uhr geöffnet
Der besondere Tipp
Am ersten Juli-Wochenende findet auf allen Plätzen das „Altstadtfest" mit Musik und vielfacher Kurzweil statt.

Der repräsentative, mit turmartigen Eckpavillons und barocken Laternen geschmückte Bau des Rathauses wurde in der Spätrenaissance als Jesuitenkollegium erbaut. Im Pfälzischen Krieg 1688 zerstört, besorgte Stadtbaumeister Johann Christoph Sebastiani in den Jahren 1694–1701 den Neubau.

Die Geschichte dieses Gebäudes führt uns zurück in die Mitte des 16. Jahrhunderts. Die Reformation breitete sich in Deutschland aus und sie fand insbesondere Anhänger im städtischen Bürgertum. Gerade die geistlichen Kurfürsten versuchten das in ihren Gebieten durch die „Gegenreformation" zu verhindern: Das Konzil von Trient Mitte des 16. Jahrhunderts gab den Anstoß dafür. Für ein Wiedererstarken des Katholizismus kämpfte vor allem der 1540 gegründete Jesuitenorden.

1561 berief Kurfürst von der Leyen die Jesuiten nach Trier, wo sie erfolgreich als Prediger und akademische Lehrer wirkten. Sein Nachfolger Jakob III. von Eltz wollte den Orden auch in Koblenz ansiedeln. Das musste schnell gehen – und viel Geld hatte der Kurfürst nicht. So fiel sein Augenmerk auf das Kloster, das die Zisterzienserinnen seit 1242 in der Koblenzer Vorstadt „hinter der Leer" bewohnten. Das lag zentral und hatte in dem umgebenden Gartenland innerhalb der Stadtmauern genügend Ausdehnungsmöglichkeiten. Die Klosterfrauen mussten 1580 in ein verlassenes Augustinerkloster auf der Rheininsel Niederwerth gegenüber von Vallendar

Das Rathaus der Stadt Koblenz am Jesuitenplatz: Vor dem ehrwürdigen Kolleg pulsiert das Großstadtleben.

umziehen – aus Gram darüber verstarb die betagte Schwester Oberin.

Theater spielen für den rechten Glauben

Die Jesuitenpatres renovierten die Klostergebäude, bauten 1581 ein Gymnasium neben dem Konvent und begannen 1582 mit dem Schulunterricht. Ohne gründliche Bildung ließ sich, davon waren sie überzeugt, der Glauben nicht festigen – und nur so konnte man den Erfolgen der protestantischen Erziehungsanstalten begegnen. Beten und studieren, Kirche und Gymnasium, das war das Grundprinzip der Niederlassungen des Jesuitenordens, durch das sich auch das Nebeneinander der Baulichkeiten, die alle Neugründungen kennzeichneten, .
Unterrichtet wurden insbesondere die alten Sprachen Latein und Griechisch. Schon die kleinen Schüler durften sich – selbst beim Spielen – nur auf Lateinisch unterhalten. Besonders beliebt waren die öffentlichen Theateraufführungen des Kollegs: meist Heiligenlegenden oder Geschichten aus der Bibel, die von den Professoren in lateinischen Versen gedichtet wurden. 1585, so wird uns berichtet, traten die Schüler im Rathaussaal vor dem kurfürstlichen Hofe und zahlreichen begeisterten Gästen mit „Joseph in Ägypten" auf. Bei einem Drama „Magdalena" habe einmal der ganze Zuschauerraum vom Schluchzen und Seufzen getönt – und das bei einem lateinischen Text!

Heilige, die noch gar nicht heilig waren

Das Jesuitenkolleg beherrscht den Platz, man vermisst jedoch auf den ersten Blick die Kirche. Schließlich haben wir es mit einem Kloster zu tun. Die Fassade der einstigen Jesuitenkirche erblickt man bei genauem Hinsehen links, wie eingezwängt in die Ecke. Ursprünglich stand

Der Schängel-Brunnen

Im Innenhof des Rathauses mit seinem stimmungsvollen Arkadengang fällt der Blick auf ein weiteres Koblenzer Wahrzeichen: den Schängel-Brunnen. In regelmäßigen Abständen spuckt ein Lausbub einen kräftigen Wasserstrahl aus; weitere Streiche schildern die Szenen an der Brunnenwand.
„Schängel" – so bezeichnen sich die Koblenzer selbst. Der Name spielt auf die Zeit an, in der Koblenz eine französische Départementshauptstadt war. Der französische Vorname „Jean" klang im Koblenzer Dialekt wie „Schang" – daraus wurde dann „Schängel" für die Kinder, die aus den unausweichlichen deutsch-französischen Verbindungen hervorgingen.

Der Schängel-Brunnen im Innenhof des Rathauses

sie mit ihrer ganzen Nordfront frei. Sie wurde erst später ganz von Häusern eingerahmt.
Die Fassade der Jesuitenkirche schmückt ein Portal im Stil der späten Renaissance. Es entstand zwischen 1613 und 1617. Obenauf eine kleine Figur des Erzengels Michael, der den Drachen des Unglaubens besiegt, darunter die Kirchenpatrone. In der Mitte Johannes der Täufer; ihm wurde die Kirche 1592 geweiht. Johannes gilt als der Wegbereiter Christi. „Ändert eueren Sinn!", mahnte er am Jordan. Gleiches nahmen sich auch die Jesuitenpatres als Motto ihrer Predigten vor. Daneben stehen die Patrone des Jesuitenordens: der Gründer Ignatius von Loyola (1491–1556) mit dem Buch und sein Gefährte Franz Xaver (1506–1552) mit dem Missionskreuz, das er bis nach Indien und China trug. Die Heiligsprechung beider war noch gar nicht ganz abgeschlossen, als die Statuen aufgestellt wurden.
Die Aussage des Schmuckes am Portal war damals ganz modern; umso mehr erstaunt es, dass darüber eine Fensterrose eingebaut ist, die an die gotischen Kathedralen erinnert. Der Eindruck muss früher noch viel stärker gewesen sein: Der Kirchenbau zeigte im Krieg zerstörte gotische Gewölbe. Der Bau fügt sich mit diesen Merkmalen in die Architektur des Jesuitenordens der niederdeutschen Provinz ein. Im Süden Deutschlands, in München, Landshut oder Neuburg, wurden Jesuitenkirchen im hochaktuellen römischen Barockstil errichtet: „Neuer Baustil für den erneuerten Glauben". Hingegen verwendete man am Rhein bewusst überkommene Architekturformen. Sie

sollten an jene Zeit anknüpfen, in der das Christentum noch nicht in Konfessionen aufgespalten war: „Bewährter Baustil für den altbewährten Glauben." So in Köln, in Bonn oder Coesfeld.
1958/59 wurde die Jesuitenkirche vom Kölner Architekten Gottfried Böhm wieder aufgebaut. Auf den alten Fundamenten errichtete er einen noblen modernen Raum, der im Altstadttreiben eine Oase der Stille anbietet.

Vom Jesuitenkloster zum Rathaus

Wir betreten das Gebäude durch das linke mit „Collegium Societatis Jesu" überschriebene Portal und kommen in einen von Platanen beschatteten Hof. Links erhebt sich ein schlichter zweigeschossiger Bau. Ein prächtiges Portal mit dem Wappen des Kurfürsten Johann von Schönenburg aus dem Jahr 1591 führt in den eigentlichen Klosterhof, eine ansprechend begrünte Ruhezone. Ihn umschließen im Westen und Süden Bauten im Stile der Renaissance, im Norden sind die Kapellen des Kirchenbaus zu sehen. 1670 wurde der prächtig ausgestattete Ostflügel, der „Fürstenbau", errichtet, der dem Hofbaumeister Sebastiani zugeschrieben wird.
1773 wurde der Jesuitenorden aufgelöst. 1794 säkularisierten die neuen französischen Herren den Besitz und nutzten ihn als Lazarett. Ab 1816 beherbergte er dann wieder das Gymnasium. 1891 erwarb die Stadt Koblenz das Kolleg. Das Gymnasium zog in einen Neubau südlich des Klosters, in den historischen Räumen wurde 1895 das Rathaus untergebracht. Zwischen 1912 und 1915 erweiterte

Portal und Fensterrose der früheren Jesuitenkirche Sankt Johannes.

Friedrich Neumann den Bau einfühlsam. 1931 erwarb die Stadt auch noch das Klostergebäude.
Vom Jesuitenplatz aus führt das rechte, mit „Gymnasium Confluentinum" bezeichnete Portal zu einem repräsentativen Treppenhaus, dem Aufgang zur früheren Aula. Der Blick richtet sich nach oben zur Decke mit reichem barockem Stuck, um 1700 von dem Italiener Carlo Maria Pozzi gefertigt.
Es war ein Glücksfall, dass das Koblenzer Rathaus im Bombenkrieg nicht beschädigt wurde. Im Ratssaal, der früheren Aula des Gymnasiums, konnte am 4. Juni 1947 die Konstituierende Sitzung des Rheinland-Pfälzischen Landtages stattfinden – eine Episode aus der kurzen Zeit, in der Koblenz faktisch die Hauptstadt von Rheinland-Pfalz war (▶ Tour 11).

18 Das „Forum Confluentes“

Eine neue Mitte für Koblenz

Unmittelbar südlich der Altstadt liegt der „Zentralplatz“. Die Fläche geht zurück auf die Notzeit des Bombenkriegs. Seit 2013 zeugt er vom Wagemut, dem Stadtzentrum mit futuristischer Architektur neues Leben einzuhauchen.

300 m 3 h

Tourencharakter
Stadtbummel
Ausgangs-/Endpunkt
Zentralplatz vor dem Kulturzentrum
Anfahrt/Parken
Ansteuern „Zentralplatz“, „Forum Mittelrhein“, Parkhaus im Einkaufszentrum
Einkehr
Moderne Cafés, Restaurants und Schnellgaststätten im Bereich des Einkaufszentrums „Forum Mittelrhein“, geöffnet werktags 10–20 Uhr; z. B. Restaurant „Vapiano“, tägl. 11–24 Uhr
Der besondere Tipp
Besuch im „Romanticum“: Erlebniszentrum zur Einführung in das Weltkulturerbe Mittelrheintal, tägl. 10–18 Uhr.
Mittelrheinisches Museum – kunsthistorische Dauerausstellung und Wechselausstellungen, Mo geschlossen. – Per Lift auf das Dach des Gebäudes mit weitem Ausblick auf Stadt und Rheintal

Ein Altstadtquartier war im Feuersturm des Bombenkrieges untergegangen. Im Süden errichtete die französische Besatzungsmacht Anfang der 1950er-Jahre ihr „Foyer du Soldat“ und ein Kino. Stadtbaurat Eberhard Berg konzipierte in seinem Wiederaufbauplan von 1957 die Kriegsbrache als Zentralplatz für Koblenz: Verkehrsknoten, Markt, Forum und Großparkplatz. Pfuhlgasse und Clemensstraße wurden durchgebrochen und ausgeweitet. Die „Casino-Gesellschaft“, ein bürgerlicher Verein, der seine Anfänge bis in die napoleonische Zeit datieren konnte, baute an der nach ihm benannten Straße sein Domizil wieder auf. 1962 beschloss der Stadtrat mit einer Stimme Mehrheit ein noch gut erhaltenes längeres Stück der Stadtmauer zugunsten einer Tiefgarage abzureißen. 1968 entstand an der Stelle des Casino-Gesellschaftshauses ein Quelle-Kaufhaus, 1973 – in einer Zeit, in der es als schick galt, Altstadtquartiere mit Hochhäusern anzurempeln – errichtete man im Norden das „GEWA-Kaufhaus“, das nach seiner Modernisierung heute Schängel-Center heißt.

Ein paar Jahre lang erfüllte der Platz die ihm zugedachte Aufgabe als Einkaufszentrum, dann blieben die Kunden aus und deckten sich lieber im neuen Löhr-Zentrum ein. Der Zentralplatz verödete, er wurde zum städtebaulichen Problemfall und zum kommunalpolitischen Zankapfel.

Alt und neu nebeneinander: Vom Zentralplatz blickt man am „Forum Confluentes" vorbei auf die Türme von Liebfrauen.

2003 wies die Verwaltung den Platz und seine Umgebung als Sanierungsgebiet aus. Die Stadt suchte nach Investoren für ein neues Kulturzentrum und Gewerbebetriebe, während zahlreiche Bürger sich einen Park als „grüne Mitte" wünschten und die Pläne mit Petitionen und Klagen vor Gericht bekämpften. Vergeblich: 2007 wurde ein internationaler Wettbewerb ausgeschrieben. Er sah einen „Kulturbau" vor; in „Nutzungspartnerschaft" damit sollte ein Einkaufszentrum stehen, das die Geschäfte in der Stadt nicht schädigt, sondern ergänzt. Damit das Ensemble als Publikumsmagnet wirken könne, setzte die Ausschreibung auf eine herausragende Architektur – im Hintergrund offenbar die stille Hoffnung auf einen „Bilbao-Effekt" – die Stadt, in der das futuristische Museumsgebäude von Frank Gehry einen Strukturwandel anstieß.

Der Preisträger des Wettbewerbs, das niederländische Architekturbüro Bentham Crouwel, hat die Stadtväter nicht enttäuscht: Er präsentierte 2008 „einen sich exponierenden skulpturalen Kulturbau, der dem Zentralplatz Bedeutung verleiht und in Symbiose mit dem Einkaufscenter sich wohltuend vor der üblichen Mainstream-Architektur abhebt", so das Urteil der Jury. „Skulptur" – damit lässt sich das Äußere des Kulturbaus gut charakterisieren, dem man, dem Genius Loci angemessen, den lateinischen Namen „Forum Confluentes" gab. Das dreieckige Gebäude

Innenhof im „Forum Confluentes" mit dem Aufzug zum Dachgeschoss.

mit abgerundeten Ecken verbirgt fünf Geschosse hinter einer undurchsichtigen glatten gepunkteten Glasfassade.
Den südlichen Teil des Geländes nimmt das Einkaufszentrum ein. Von dem in der Ausschreibung angeregten Dachgarten ist nur noch eine grüne Verkleidung der beiden Obergeschosse geblieben: mit Plastik überzogene Aluminiumelemente erwecken aus der Ferne den Eindruck von Weinranken – wenn das nicht der gewünschte regionale Bezug ist!
Was der Kulturbau von außen verbirgt, legt er offen, wenn man das Foyer betritt: ein lichtdurchfluteter Innenhof zieht förmlich den Blick nach oben. Unten übersichtlich getrennt die weiträumige Tourismusinformation, daneben Kassenräume des Mittelrhein-Museums und die Eingangshalle der Stadtbibliothek. Wie Bänder öffnen sich dann die Abteilungen des Hauses zum Innenhof: als abgedunkelter Streifen das Museum im ersten Stock, darüber als weiße Bänder die Etagen mit den Regalen und Leseräumen der Bibliotheken. Ein Panorama-Aufzug führt die Besucher in über dreißig Meter Höhe hinauf zur begehbaren Dachterrasse. Von hier aus öffnet sich der Blick auf den Koblenzer Talkessel, auf die Liebfrauenkirche in neuer Perspektive und auf Dächer und Hinterhöfe der Innenstadt.

Eine Prunkvase der Berliner Porzellanmanufaktur im Mittelrhein-Museum zeigt die frühere Schiffsbrücke nach Ehrenbreitstein.

Blick auf das Einkaufszentrum „Forum Mittelrhein", links mit den Fassaden aus Glas und Plastikelementen, rechts der Kulturbau. Die Passage zeichnet den Verlauf der mittelalterlichen Stadtmauer nach.

Das Mittelrheinische Museum konnte seine Ausstellungsfläche verdoppeln. Die Exponate sind rund um den Lichthof in einer „kulturhistorischen Achse" angeordnet, beginnend mit dem Mittelalter in chronologischer Folge bis zur Gegenwart. Nun kann auch die großartige Sammlung der Werke des Hofmalers Januarius Zick (1730–1797) gezeigt werden, der die barocken Schlösser in und um Koblenz mit seinen Gemälden ausstaffierte.

Anlaufstelle für die Rheinreisenden soll das „Romanticum" sein, das der Tourist-Information zugeordnet ist – kein Museum, sondern ein Erlebnisraum, in dem der Besucher sich spielerisch auf einem imaginären Dampfer mit dem Rheintal, seiner Geschichte, seinen Produkten und Sehenswürdigkeiten bekannt macht.

Zur Stärkung bietet sich dann ein Abstecher in das Einkaufszentrum an: Auf 20.000 Quadratmetern versammeln sich 80 Geschäfte auf drei Etagen. Das „Forum Mittelrhein" erreicht zwei Drittel der Größe des Löhr-Zentrums, das sich gerade 300 Meter entfernt befindet. Restaurants und Cafés locken Gäste an – da erklingen einige Namen, die bis dahin nur in größeren Städten vertreten waren. Sie dokumentieren die Zuversicht der Stadtplaner, „dass mit dem neuen Nutzungsmix am Zentralplatz die gewünschte Urbanität und Vitalität in diesen Bereich der Innenstadt zurückkehrt", wie es der Oberbürgermeister ausdrückte.

19 Die Festung Ehrenbreitstein

Außen wehrhaft, innen repräsentativ

Die Koblenzer Geschichte wird begleitet von Wehranlagen gegenüber der strategisch bedeutsamen Moselmündung. Die Festung, die heute als Denkmal über der Stadt thront, ist das Werk preußischer Ingenieure aus dem ersten Viertel des 19. Jahrhunderts.

2–3 km | 4 h

Tourencharakter
Rundgang durch eine Festungsanlage; zahlreiche Treppen, Steinpflaster
Ausgangs-/Endpunkt
Großparkplatz vor der Festung
Anfahrt/Parken
Auto: ab Ehrenbreitstein auf der L 127 Richtung Montabaur, der Beschilderung „Festung" folgen; Großparkplatz vor dem Festungseingang
Zugang
Spektakulär ist die Fahrt mit der Seilbahn vom Rheinufer bei Sankt Kastor. Sommersaison täglich 9.30–18.30 Uhr, im Winter nur Sa/So geöffnet; kurzer Fußweg zum „Feldtor". Klassisch die Überfahrt mit der Personenfähre nach Ehrenbreitstein, nach kurzem Fußweg über Charlottenstraße/Obertor Auffahrt mit dem Schrägaufzug zur Festung
Einkehr
Restaurant „Casino Hahn" in der Terrassenbatterie, tägl. 11–22 Uhr geöffnet; Biergarten auf dem Schlosshof, tägl. 11–18 Uhr geöffnet
Der besondere Tipp
Der Rundgang durch das Festungsmuseum „Lange Linie" schildert anschaulich das Leben der Soldaten und zivilen Bewohner; tägl. 10–18 Uhr geöffnet (im Winter 10–17 Uhr). Im Sommer abends Konzerte, Kleinkunst und Events auf der Festung; Programm über „Café Hahn": „Festung lecker und live"; der Schrägaufzug nach Ehrenbreitstein fährt bis zum Veranstaltungsende.

Die Burg Ehrenbreitstein, das Bollwerk der Trierer Erzbischöfe im Unterstift, war seit dem 16. Jahrhundert durch moderne Bastionen zur Festung ausgebaut worden. Noch die französischen Revolutionstruppen mussten die Anlage viermal belagern, ehe sich die Besatzung 1799 ergab. Nach dem Frieden von Lunéville 1801 räumten die Franzosen das rechte Rheinufer. Sie sprengten die Festung – vom Hochufer des Rheins aus hätte man ihre Départementshauptstadt Koblenz ja leicht bedrohen können. 1815 wurden die Preußen neue Herren des Rheinlandes. König Friedrich Wilhelm III. verfügte 1815, dass Koblenz und der Ehrenbreitstein wieder befestigt werden sollten – zusammen mit den preußischen Anlagen in Wesel, Jülich, Köln und der Bundesfestung Mainz sollten sie vor französischen Angriffen schützen. Alsbald setzten Aufräumarbeiten im Ruinengelände der Feste ein. Am 5. Juni 1817 wurde der Grundstein für einen Neubau nach dem neuesten Stand der Artillerietechnik gelegt.

Modell der Festung Ehrenbreitstein mit den Namen der Festungsteile.

Blick aus dem gedeckten Gang auf die Angriffsseite der Kurtine mit dem Haupttor.

Die Verteidigungsanlagen nahmen einen Raum von etwa 20 Quadratkilometern ein. Die Festung Ehrenbreitstein stellte das Hauptwerk dar; auf der anderen Rheinseite deckten sie die noch ausgedehntere Feste Alexander im Südwesten und die Feste Franz im Nordwesten. Die Stadt Koblenz wurde auch durch Wallanlagen befestigt, vorgeschobene Forts und Geschützstellungen schirmten das Vorfeld ab.

Auf der vom Gelände her ungeschützten Seite im Norden sind der Festung Ehrenbreitstein tiefe Gräben und nach geometrischen Mustern gezeichnete Wälle vorgelagert. Infanteriestellungen auf dem „gedeckten Weg" bestrichen zunächst das Vorfeld, das Glacis: Hinter dem Hauptgraben ragt zwölf Meter hoch der Hauptwall mit seinen Geschützscharten auf. Den Kernbereich der Festung sichern der „retirierte Graben" und die 18 Meter hohen Bastionen nebst dem Haupttor in der Kurtine. Der heutige Besucher der Festung kann noch ermessen, warum der Ehrenbreitstein als uneinnehmbar galt: Der Weg führt über Ecken und durch Tunnel. Es gibt keine Stelle, an der nicht Geschützöffnungen und Schießscharten drohen. Das Mauerwerk wurde

In Sandstein gefasste Geschützscharten sichern in der „Langen Linie" das Feldtor.

aus Bruchstein, der am Ort anstehenden Grauwacke, errichtet. Stützbögen verstärken die Mauern gegen Beschuss, die Öffnungen der Geschützscharten sind mit Buntsandsteinquadern gefasst, die bei einem Treffer nicht splittern. Nach außen hin sind die Wehrmauern bis zu drei Meter dick; die Kasematten in den Bastionen sind durch Rundbögen verstärkt. Erdschüttungen auf den Wällen schützen vor dem Einschlag von Granaten.

Im Kontrast dazu steht der Innenteil der Festung. Die Wände sind verputzt, durch einen ockerfarbigen Anstrich aufgehellt und mit klassizistischen Architekturformen verziert. Der obere Schlosshof diente als Appellplatz; hier lagen die Kommandantur, Magazine und eine Festungskirche, die sich im Stil an klassische römische Bauten anlehnt. In der „Großen Traverse“ war ein Göpelwerk angebracht, ein mit Pferden betriebener Aufzug, mit dem über einen steilen Schienenweg Versorgungsgüter aus dem Rheintal in die Festung gebracht wurden.

Die Innenseite der Kurtine mit verputzten Bogengängen.

Der Obere Schlosshof, heute Sitz des Landesmuseums Koblenz.

Der „Vogel Greif"

Deutsch-französische Geschichte am Beispiel einer Belagerungskanone auf der Festung Ehrenbreitstein

- 1534 – in einer außergewöhnlichen Größe gegossen für den Trierer Kurfürsten Richard von Greiffenklau
- 1799 – Kriegsbeute der Franzosen
- 1866 – Aufstellung im Pariser Armeemuseum
- 1940 – deutsche Kriegsbeute
- 1946 – von den Franzosen zurückgeholt
- seit 1984 – in Absprache zw. Präsident Mitterand und Bundeskanzler Kohl als Dauerleihgabe des „Musée de l'Armée" wieder in Koblenz ausgestellt

Auf dem Fahnenturm weht heute wieder eine Nachbildung der preußischen Dienstfahne.

Hauptanziehungspunkt ist vom oberen und unteren Schlosshof aus die prachtvolle Sicht auf Koblenz (▸ Tour 1), auf die Einmündung der Mosel in den Rhein mit dem Kaiserdenkmal (▸ Tour 2) und die Höhen von Eifel und Hunsrück. Hier, auf der unbedrohten Westseite, waren keine großen Bastionen erforderlich. Schon im 19. Jahrhundert konnten sich Touristen von Unteroffizieren hierher zur Besichtigung führen lassen.

Der untere Schlosshof ist heute Vorplatz der großen Jugendherberge, die in der Bastion „Niedere Ostfront" eingerichtet wurde. Hier stand früher die Burg Ehrenbreitstein. Den südlichen Abschluss des über 100 Meter tief abfallenden Felssporns bildet das Fort Helfenstein – der Name erinnert an die Ministerialenburg, die im 12. Jahrhundert an dieser Stelle errichtet wurde (▸ Tour 12).

1918 zog eine amerikanische Besatzung in die Feste ein. Dank der Unterstützung des historisch interessierten Kommandanten General Henry T. Allen konnte 1922 verhindert werden, dass die Festung im Zuge der in Versailles festgelegten Entmilitarisierung des Rheinlandes geschleift wurde. Die Trikolore ersetzte ab 1923 sechs Jahre lang die amerikanische Flagge.

Den Zweiten Weltkrieg überstand die Festung Ehrenbreitstein mit geringen Schäden. Ausgebombte und Flüchtlinge wurden in den einstigen Kasematten untergebracht. Für die Bundesgartenschau 2011 wurde die Festung Ehrenbreitstein gründlich renoviert. Aus dem

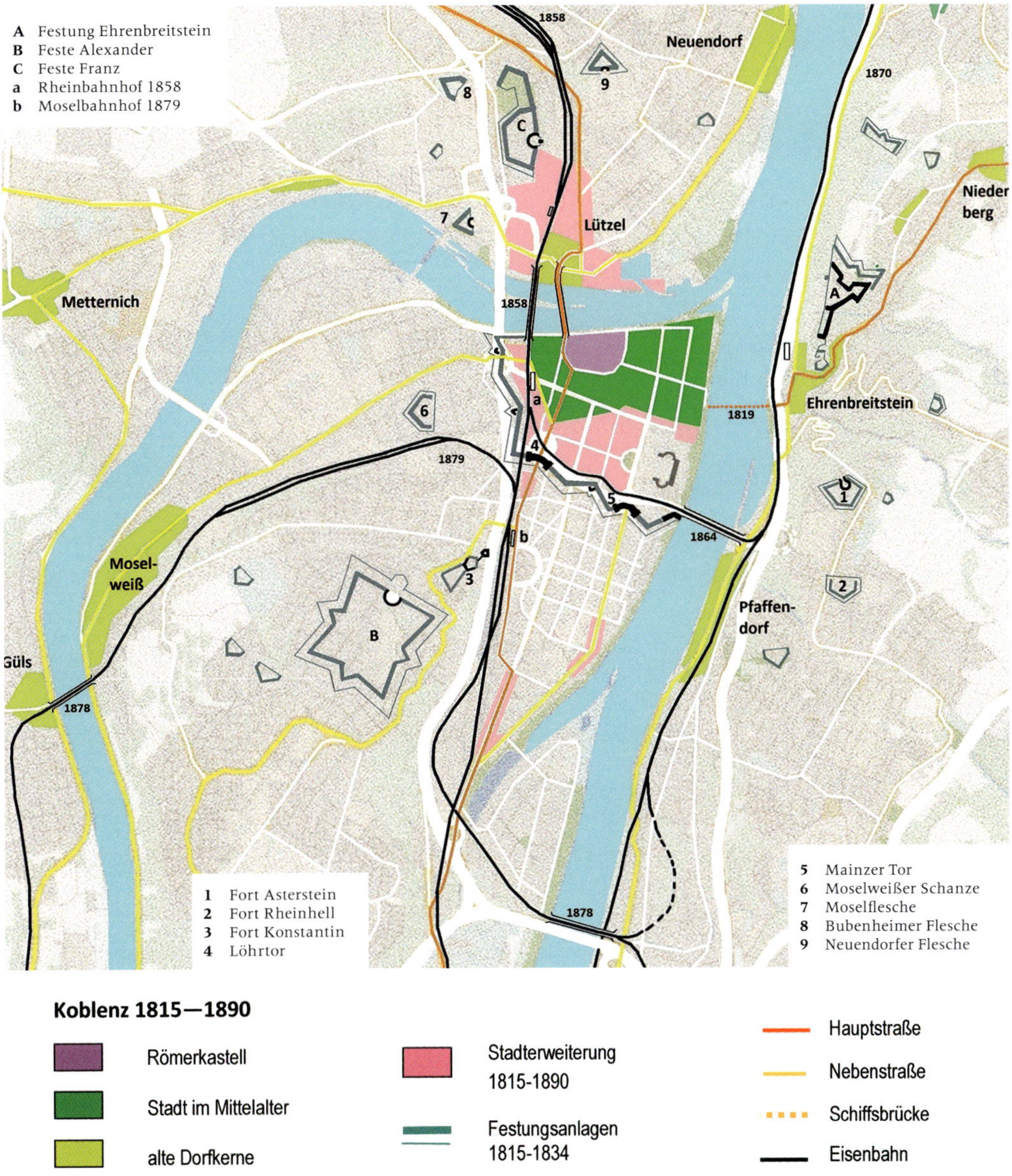

monumentalen Wehrbau ist heute ein vielbesuchtes Kulturzentrum für Koblenz und den Mittelrhein geworden.

1890 war die Festungseigenschaft für Koblenz aufgehoben worden, die Wallanlagen um die Stadt konnten fallen. Das Gelände der Vorwerke wurde zum Teil für die Neubauten von Kasernen verwendet. Erhalten blieben das Fort Konstantin oberhalb des Bahnhofs, von der Feste Kaiser Franz Reste des Reduits und der Kehlturm beim Bahnhof Lützel sowie von den einstigen Vorwerken das Fort Asterstein als Ruine.

20 Hauptbahnhof Koblenz

Ein Bahnhof weit draußen vor der Stadt?

Wer mit der Bahn in Koblenz ankommt, muss weite Wege zurücklegen, bis er im Stadtzentrum ankommt. Ein stadtplanerischer Trick?

500 m

1 h

Tourencharakter
Stadtbummel
Ausgangs-/Endpunkt
Bahnhofsvorplatz
Anfahrt/Parken
Ansteuern Parkhaus Bahnhof oder Parkplätze längs der B 9

Einkehr
„Brustolon", Gelateria/Café, Bahnhofsplatz 1, tägl. 10–21 Uhr geöffnet; „Café Mumpitz", Markenbildchenweg 38, tägl. bis 23 Uhr geöffnet, Montag Ruhetag
Der besondere Tipp
Besuch im „Rheinischen Fastnachtsmuseum" im Kehlturm des Forts Konstantin am Fuß der Karthause; geöffnet 14-tägig, Sa/So 14–17 Uhr, Zugang durch die Bahnhofsunterführung

Koblenz und die Eisenbahn – das ist eine komplizierte Geschichte. Da die Stadt zur starken preußischen Festung ausgebaut worden war, beanspruchte das Militär energisch Mitspracherechte. Eine Bahnlinie von Norden nach Süden im Rheintal? Da würde man bei einem Konflikt ja den Franzosen in die Hände spielen.

1844 wurde die Bahnstrecke von Köln nach Bonn eröffnet, dann aber dauerte es mehr als zehn Jahre, bis die preußische Regierung die Konzession für den Weiterbau der Strecke nach Süden erteilte. Ein weiteres Problem: der Bahnhof. Die Militärverwaltung setzte 1857 durch, dass der Koblenzer Bahnhof aus Sicherheitserwägungen innerhalb der Befestigungswerke liegen musste. Das war teuer und die Kosten für den Durchbruch der Wallanlagen hatte die Bahngesellschaft zu übernehmen. Die Stadt musste viereinhalb Hektar Gelände als Ausgleich für wegfallende militärische Liegenschaften bereitstellen. Am 11. November 1858 konnte der Rheinbahnhof auf dem Gelände des heutigen Löhr-Centers eingeweiht werden.

Vom Koblenzer Rheinbahnhof aus wurden Gleise wiederum innerhalb der Wallanlagen nach Osten gelegt. Die Eröffnung der Pfaffendorfer Brücke 1864 schloss die Lücke über den Rhein zu den nassauischen Bahnen: Sie verbanden Niederlahnstein rechts des Rheins über Wiesbaden mit Frankfurt sowie über die Lahnstrecke mit Wetzlar und Kassel.

Nicht zuletzt militärische Gründe waren es auch, die hinter dem Bau der Moselstrecke von Koblenz nach Trier standen. Nachdem 1871 Lothringen zum Reich gekommen war, strebte Berlin danach, eine strategische Bahn bis nach Metz weiterzuführen.

Hauptbahnhof Koblenz, erbaut 1899–1902, nach dem Zweiten Weltkrieg in vereinfachter Form wieder aufgebaut. Im Hintergrund Fort Konstantin auf dem Beatusberg, ein Überrest der Festung.

1879 wurde die Strecke eröffnet. Ein Moselbahnhof entstand gut gedeckt unterhalb des Forts Konstantin. Die Horchheimer Eisenbahnbrücke schuf 1879 eine leistungsfähige Verbindung vom Moselbahnhof zur rechtsrheinischen Bahn. Die Pfaffendorfer Brücke konnte vermehrt für den Wagenverkehr freigegeben werden.

Koblenz hatte nun zwei Bahnhöfe: den Rheinbahnhof nahe der Altstadt und den Moselbahnhof weit draußen im Süden – für die Reisenden war das sehr unbequem. Erst als die Befestigungsanlagen um die Stadt fielen, konnte 1902 ein Neubau des Hauptbahnhofs eröffnet werden. Er lag, um das Umsteigen zu erleichtern, unmittelbar neben dem früheren Moselbahnhof. Das großzügige Empfangsgebäude aus Eifeltuff und hellem Sandstein präsentierte sich in neubarocken Formen. Eine dreischiffige Eisenhalle überspannte die Bahnsteige. Die „Elektrische" schuf über die Löhrstraße eine schnelle Anbindung an das Stadtzentrum.

Die Kriegsruine des Bahnhofsgebäudes wurde vereinfacht und schmucklos wieder aufgebaut – triste Funktionalität bestimmt heute die Empfangshalle. Gläserne Bauten und geschwungene Dächer lockern am Bahnhofsvorplatz die Strenge der umgebenden Nachkriegsarchitektur auf. Der große Platz ist frei vom Auto- und Busverkehr: Er wirkt aufgeräumt, aber noch wenig einladend.

21 Die Südstadt

Militär, Bahn und Bürger

Ein Bahnhof für die Festungsstadt – das war eine knifflige Aufgabe für die Stadtplaner. Auch die Koblenzer Bürger mussten viel Geduld aufbringen, bis sie der engen Altstadt entfliehen und sich in einem mustergültigen modernen Stadtviertel ansiedeln konnten.

1–2 km

1,5 h

Tourencharakter
Stadtbummel je nach Laune rund um die Josefskirche; interessante Gebäude sind mit Informationstafeln erläutert.

Ausgangs-/Endpunkt
Südallee vor der Josefskirche

Anfahrt/Parken
Richtung Südstadt den Schildern „Sankt-Martin-Krankenhaus" folgen, gebührenpflichtige Parkplätze in der Nähe, z. B. in der Südallee

Einkehr
Restaurants in der Hohenzollernstraße, z. B. Griechisches Restaurant „Sirtaki", täglich geöffnet

Die Festungsanlagen schnürten die Stadt Koblenz ein, es fehlte gesunder Wohnraum für das wachsende Bürgertum. Die Koblenzer Stadtväter wollten neue Viertel planen, doch die Militärverwaltung sperrte sich gegen Baumaßnahmen im Vorfeld der Befestigungen. Ein Gegner sollte keine Deckung finden – selbst Grabhügel über 50 Zentimeter Höhe waren verboten. Das „Reichsrayongesetz" von 1871 untersagte alle Wohnbauten in einer Entfernung von 600 Metern vor den Wällen. Anschließend durften Wohnhäuser gebaut werden – sofern der Bauherr bereit war, im Kriegsfall sein Gebäude auf eigene Kosten abreißen zu lassen.

Ungeachtet dieser Beschränkungen siedelten sich Koblenzer südlich der Altstadt an: vor dem Löhrtor, im Süden der Mainzer Straße, die als Chaussee ausgebaut war, an der Hohenzollernstraße. 1878 entwickelte die Stadtverwaltung in Absprache mit den Militärs einen Bebauungsplan für das Gebiet, um drohendem Wildwuchs vorzubeugen. Neidisch blickte man auf die Nachbarstadt Bonn, die sich in der „Südstadt" ein neues Quartier für Beamte und wohlhabende Bürger zulegte.

Der Krieg von 1870/71 veränderte die strategische Lage: Die Annexion von Lothringen schob die Grenze des Kaiserreichs weit nach Westen – Koblenz wurde 1886 „als weniger wichtige Festung" eingestuft. 1889 wurden die Befestigungswerke der Stadt zum Kauf angeboten – das enge Korsett konnte endlich fallen.

Strenge Gesetze

Bauen, damit man's leichter abreißen kann

Aus dem „Reichsrayongesetz" von 1871:

a) Die Gebäude dürfen nur von Holz oder einer nach dem Urtheil der Militairbehörde leicht zerstörbaren Eisenkonstruktion, oder in ausgemauertem Fachwerk von nicht mehr als 15 Centimetern Stärke erbaut sein; doch dürfen sie eine Ziegelbedachung, massive Feuerungsanlagen (...) und massive Fundamente haben, welche das umliegende Terrain nicht über 30 Centimeter überragen;

a) die Höhe des Gebäudes bis zur Dachfirst darf 13 Meter nicht übersteigen;

c) Keller dürfen nur hölzerne oder leichte eiserne Balken, mit gewöhnlichem Balkenzwischenraum und hölzernem Fußboden darüber, haben.

„Rayonhaus" in der Mainzer Str. 128, erbaut 1889.

Ein Musterbuch der Architekturstile

Die Stadtverwaltung beauftragte den Kölner Stadtbaurat Josef Stübben mit der Erweiterungsplanung. Der hatte sich einen Namen gemacht durch die Anlage der Kölner Ringe. Er lieferte Entwürfe für zahlreiche deutsche Städte und genoss darüber hinaus internationales Renommee. In Koblenz zeichnete er das durch die vorhandenen Wege angelegte Grundraster für die Südstadt. Stübben erhielt aber keinen Bauauftrag – die Stadt Koblenz musste noch Jahre mit der Militärverwaltung um den Ankauf des Festungsgeländes feilschen. Der große Entwurf wurde dann von anderen in vereinfachter Form verwirklicht.

Ausgangspunkt für die Neugestaltung der Koblenzer Südstadt wurde die Pfarrkirche Sankt Josef, erbaut in den Jahren 1894–1897 in neugotischen Stilformen. Von hier aus zielt die heutige Südallee als Hauptachse Richtung Stadtmitte. Im Osten, nahe des Rheinufers und der Kaiserin-Augusta-Anlagen, entstanden

Neorenaissance, Kurfürstenstr. 82, 1901.

Neogotik, Markenbildchenweg 13, 1895.

Villen für die reichen Bürger. Im übrigen Planungsgebiet dominierten Mietshäuser in Blockbauweise. Kristallisationspunkt im Westen war der neue Hauptbahnhof, der von 1899 bis 1902 errichtet wurde. Die alte Löhrstraße wurde im Bogen um den neuen Bahnhofsplatz herumgeführt, Zufahrtsstraßen wurden fächerförmig auf den Bahnhof zentriert.

Zunächst entstanden im Bereich rund um die Josefskirche mehrgeschossige Wohnbauten. Die Bauherren wählten nach Katalog Schmuckformen aus, mit denen sie die Fassaden verzierten:

Dekoration Neoklassik 1920, Schüllerstr. 12.

Neorenaissance mit Balkonen und Säulen, wenn es repräsentativer sein sollte, Spitzbogen und Maßwerkfenster im altdeutschen Stil oder eher regionalen Bezug mit Hausteinornamenten und Ziegelmauerwerk. Bombenkrieg und Modernisierungswut haben kräftige Lücken in den Bestand gerissen. Dennoch ist die Südstadt immer noch sehenswert als architektonisches Musterbuch.

Im Ersten Weltkrieg kam der Wohnungsbau völlig zum Erliegen. Zunächst suchte man der Wohnungsnot durch Wohnraumbewirtschaftung und Mietbegrenzung Herr zu werden, bald kam die staatliche Wohnbauförderung hinzu. 1924 schöpfte das „Reichsmietzinsgesetz" Gewinne der Hausbesitzer bei Mieterhöhungen durch eine Sondersteuer ab. Die frischen Kapitalien wurden für den Bau von Wohnsiedlungen verwendet. Der Staat und die Kommunen ließen während der Weimarer Republik Wohnviertel errichten. Bauträger waren allenthalben Gemeinnützige Wohnbaugesellschaften.

Neoromanik, Schenkendorffstr. 5, 1896.

„Historismus" in der Architektur

Von Historismus spricht man in der Kunst und Architektur, wenn Stilelemente früherer Epochen wieder aufgegriffen werden. Im 19. Jahrhundert liebte man es, in der Architektur einem Gebäude den „passenden" Stil zuzuweisen. Zunächst orientierte man sich vornehmlich an der klassischen Antike. Gerne verwendete man für Rathäuser nach dem Vorbild der flandrischen Städte gotische Elemente, Theater und Museen wurden im Stil der Neorenaissance errichtet, für die Repräsentation an Amtsgebäuden oder Bürgerhäusern wählte man den Neubarock. Sind verschiedene Stilformen vermischt, spricht man von „Eklektizismus".

In Koblenz kam hinzu, dass für die Soldaten der französischen Besatzung und ihre Familien vorrangig Wohnraum zu beschaffen war. In der Südstadt sind 1922 bis 1924 ganze Straßenblöcke für die Besatzungsmacht errichtet worden. Erst nach dem Abzug der Franzosen kamen sie der einheimischen Bevölkerung zugute.

Während der Bauboom der 1920er-Jahre vielerorts den Architekten des „Neuen Bauens" nach den Prinzipien des Bauhauses ein reiches Betätigungsfeld bot, hielt man sich in der Provinz, in Koblenz, an den traditionellen Kanon. Ein Bau sticht mit seiner „modernen" Konzeption hervor: das städtische Verwaltungshochhaus in der Bahnhofstraße. Der neungeschossige Bau, eine Stahlbeton-Raster-Konstruktion, beherrscht mit

seiner Klinkerfassade den nördlichen Bahnhofsplatz. Dekoratives Zugeständnis ist ein großer Bogen als Durchlass für die Bahnhofstraße.

Das Verwaltungshochhaus ist mit der Koblenzer Geschichte eng verbunden. Die Nationalsozialisten richteten hier 1935 die „Gauwaltung“ der „Deutschen Arbeitsfront“ ein, den Zwangsverband aller zerschlagenen Gewerkschaften und Angestelltenvertretungen. Die Gauleitung der NSDAP war gleich nebenan in der Emil-Schüller-Straße untergebracht. Nach dem Krieg saßen im Hochhaus vorübergehend Ministerien des neuen Landes Rheinland-Pfalz. Heute befindet sich hier das Baureferat der Stadt.

Südallee mit Blick auf die Kirche St. Josef. Rechts Wohnblöcke, die nach 1920 für Soldaten der französischen Besatzungstruppen erbaut wurden.

Das Verwaltungshochhaus an der Bahnhofstraße (von 1928).

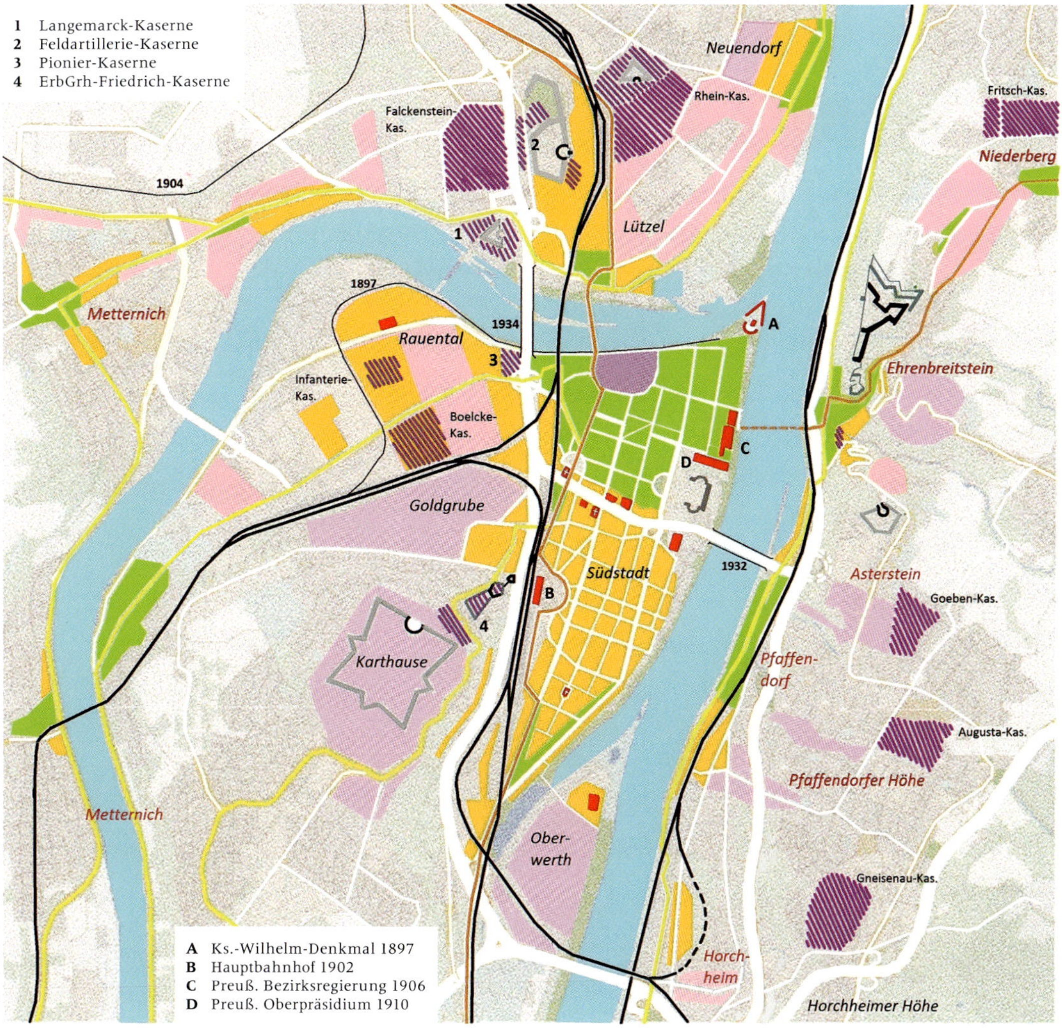

Koblenz 1890—1945

- Römerkastell
- Neubaugebiete1914
- Hauptstraße
- Nebenstraße
- Fernbahn
- Nebenbahn
- Reste der Festungsanlagen nach 1920
- Bebauung um 1890
- Neubaugebiete-1940
- Militärgelände 1890-1918
- Kasernenneubauten 1937-1940
- zivile Neubauten 1890-1920
- Asterstein 1937 eingemeindeter Stadtteil

22 Die Universität

Studenten statt Soldaten

Der Campus der Universität in Koblenz-Metternich hat Symbolkraft für den Strukturwandel der Stadt in den letzten Jahrzehnten: erst Truppenunterkunft für die französische Besatzungsmacht, dann Pionierkaserne der Bundeswehr, schließlich in einer Symbiose von alten Militärunterkünften und hochmodernen Institutsbauten Sitz der jüngsten Landesuniversität.

500 m | 1 h

Tourencharakter
Spaziergang hindernisfrei
Ausgangs-/Endpunkt
Eingang zur Uni
Anfahrt/Parken
Auf der B 49 entlang der Mosel Richtung Trier, die Kurt-Schumacher-Brücke überqueren und dann der Beschilderung folgen; von der B 9 aus nach Norden in Koblenz-Lützel abbiegen auf die B 416, dann ausgeschildert; großer Parkplatz südlich der Universität
Einkehr
Stärkung im Uni-Café, Bäckerei Hoefer, Oberweiher 1
Der besondere Tipp
Beschließen Sie den Tag mit einer Veranstaltung im Club „Café Hahn", Neustraße 15, im benachbarten Stadtteil Güls

Eine halbe Universität?

Koblenz erhielt 1903 eine Lehrerinnenbildungsanstalt, die in einem Neubau auf der Insel Oberwerth untergebracht wurde. Daraus wurde 1925 eine Pädagogische Akademie, die nach dem Krieg als Pädagogische Hochschulen (PH) wiedereröffnet wurde. In Rheinland-Pfalz gab es insgesamt sechs PHs, die 1969 in der Erziehungswissenschaftlichen Hochschule Rheinland-Pfalz aufgingen. Sie hatte mehrere Standorte: Sonderpädagogik und ein Präsidialamt in Mainz, die Pädagogik in Worms, Landau und Koblenz.
Die PH Worms wurde 1978 in eine Fachhochschule umgewandelt. 1990 erhielt die Erziehungswissenschaftliche Hochschule Rheinland-Pfalz den Status einer Universität – was blieb, war die Aufteilung. So hat die Universität Koblenz-Landau zwei Standorte mit jeweils vier Fachbereichen auf einem Campus in Koblenz und in Landau. Das Präsidialamt sitzt in der Mitte zwischen beiden Städten, in Mainz.
Die Institutsgebäude in Oberwerth reichten für die neuen Aufgaben nicht aus. Ein Bauplatz für einen Neubau bot sich Anfang der 1990er-Jahre im Stadtteil Metternich an. Nördlich der Moselschleife

Das Universitätsforum in Koblenz: Café vor dem Mensa-Gebäude. Im Hintergrund ist ein zu Institutsräumen umgebauter Block der ehemaligen Kaserne zu erkennen.

war zwischen 1950 und 1953 für die Pioniere der französischen Besatzungstruppen eine Kaserne errichtet worden. Die Franzosen traten ihr „Quartier Colonel Basset“ 1957 an Pioniere der neu aufgestellten Bundeswehr ab.

Dieses Pionierbataillon wurde 1994 abgezogen und nach Lahnstein verlegt. Die deutsche Wiedervereinigung und das Ende des Kalten Krieges ermöglichten es, die Truppen des westlichen Bündnisses deutlich abzurüsten. Für Rheinland-Pfalz, in dem das Gros der amerikanischen und französischen Truppen stationiert war und das zahlreiche Bundeswehr-Standorte aufwies, bedeutete das, einen Strukturwandel einzuleiten und umzusetzen. Die „Konversion“ militärischer Flächen für zivile Nutzungen wurde in den 1990er-Jahren zu einem politischen Schlagwort und zur vordringlichen Staatsaufgabe.

Wie verwandelt man eine Kaserne in Forschungsinstitute?

Ein gelungenes Beispiel für Konversion stellt das Gelände in Koblenz-Metternich

Blick auf die Bibliothek und die Mathematischen Institute.

dar. 1995 erwarb das Land Rheinland-Pfalz das Kasernengelände.
Baubeginn war 1997 und bereits 2002 konnte der offizielle Studienbeginn gefeiert werden. Moderne Gebäude beherbergen die Institute. Drei Unterkunftsgebäude der Kaserne wurden erhalten und umgebaut für die Informatik und Räume der Universitätsbibliothek. Die einstige Wache dient der Hausverwaltung und als allgemeine Informationsstelle. Der frühere Exerzierplatz wurde zum Forum. Hier steht die Universitätsbibliothek mit ihrem lichtdurchfluteten Neubau, gegenüber liegen Mensa, Cafeteria und Verwaltung.
In Koblenz studieren mittlerweile mehr als 6.000 Studenten. Der ursprüngliche Schwerpunkt „Lehrämter aller Schularten“ wurde erweitert durch Mathematik und Informatik. Ursprünglich waren die Teiluniversitäten in Koblenz und Landau weitgehend parallel aufgebaut, in den letzten Jahren entwickeln sie jedoch eigene Profile: in Koblenz stellen Informatik und Management Forschungsschwerpunkte dar, in Landau Psychologie und Kommunikationswissenschaften.
Der Campus in Koblenz selbst hat noch Raum für Erweiterungen; derzeit militärisch genutztes Gelände in der unmittelbaren Nachbarschaft am Moselufer bietet weitere Zuwachschancen. Als erster Bau entstand dort 2008 ein Technologiezentrum, das eng mit der Universität zusammenarbeitet und Unternehmensgründern Startchancen eröffnet.

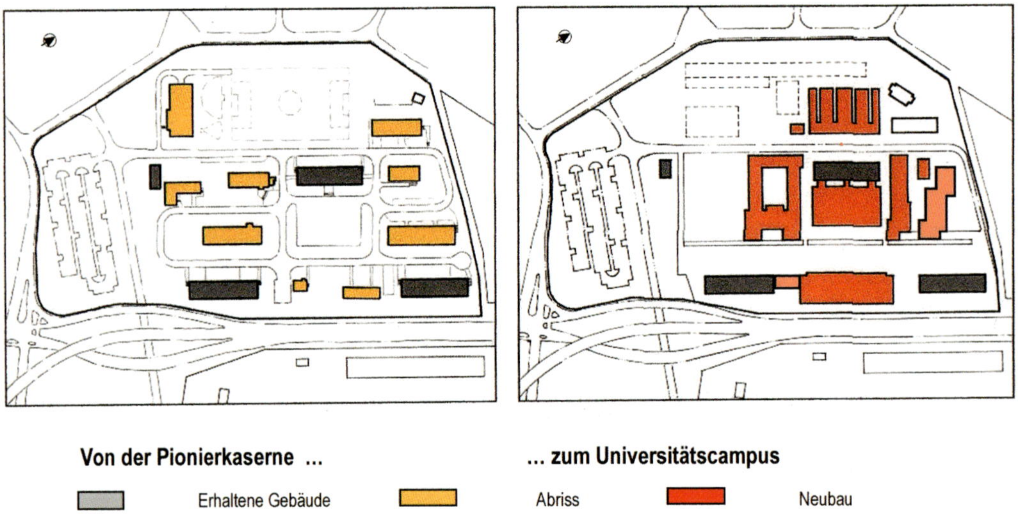

Die hoch aufragende Skulptur „Stein-Universale“ weist schon von Weitem auf die Zugangsachse zur Universität im Südosten hin.

23 Das Bundesarchiv

„Alle Akten nach Koblenz karren?“

1949 war Bonn provisorische Bundeshauptstadt geworden; für ein künftiges Regierungsarchiv fand sich dort kein Platz mehr. Koblenz hatte gerade den Regierungssitz von Rheinland-Pfalz an Mainz abgegeben, die alte preußische Provinzialregierung am Rhein stand jetzt leer – die Geburtsstunde des Bundesarchivs!

500 m 0,5 h

Tourencharakter
Leichter Spaiergang
Ausgangs-/Endpunkt
Potsdamer Staße; Anregung Abstecher ca. ½ Std. nach Süden durch das Geschäftszentrum der Trabantenstadt Karthause bis zu den modernen Institutsbauten der Fachhochschule jenseits der Simmerner Straße
Anfahrt/Parken
Vom Stadtzentrum auf die B 9 Richtung Bingen, beim Hauptbahnhof abbiegen auf die Simmerner Straße Richtung Karthause; Parken in der Potsdamer Straße vor dem Bundesarchiv
Einkehr
China-Restaurant „Kanton“, Simmerner Str. 89, tägl. 11.30–23.30 Uhr

Die Bundesregierung zeigte sich 1950 bereit, den Wegzug der Landesregierung für die Stadt Koblenz mit dem Bundesarchiv zu kompensieren: Die provisorische Hauptstadt Bonn lag ja nicht so weit entfernt, und auch Koblenz war nur als Provisorium gedacht, bis das Reichsarchiv in Potsdam wieder zugänglich wäre. So belegte die neue Behörde am 3. Juni 1952 mit gerade sieben Mitarbeitern die freigeräumten Büros im ehemaligen preußischen Regierungsgebäude. Der Aktenbestand nahm rasant zu. 1961 zog das Bundesarchiv zur Miete um in ein neues Hochhaus Am Wöllershof neben der neuen Stadtautobahn. 1978 wurde ein Filmarchiv im oberen Hof der Festung Ehrenbreitstein eingerichtet.

Bundeskanzler Helmut Kohl setzte 1982 den Provisorien ein Ende. Bonn wurde zur Bundeshauptstadt ausgebaut, gleichzeitig beschloss der Bundestag, das Bundesarchiv definitiv in Koblenz einzurichten. 1986 wurde ein Neubau in der Trabantenstadt Karthause eröffnet. Am östlichen Rand des neuen Wohngebietes auf früherem Militärgelände reiht sich der Bau ein in das Band öffentlicher Einrichtungen, die mit dem Stadtteilzentrum, Schulen und der Fachhochschule Arbeitsplätze und Publikumsverkehr für das Viertel bereitstellen. Die Archivalien sind nun fachgerecht untergebracht, Mitarbeiter wie Nutzer finden optimale Arbeitsbedingungen.

Besonderes Augenmerk galt der Klimatisierung: Bauliche Maßnahmen wie

hinterlüftete Fassaden sichern in den Magazinen konstante Luftfeuchtigkeit und gleichbleibende Temperatur, Klimaanlagen werden energiesparend nur zusätzlich eingesetzt.
Koblenz ist Hauptsitz des Bundesarchivs. Ihm zugeordnet wurden die Dokumentenzentrale des Militärgeschichtlichen Forschungsamtes in Freiburg und das Militärarchiv. 1989 entstand in Bayreuth eine Nebenstelle für Akten der Kriegsfolgelasten. Die deutsche Wiedervereinigung brachte dem Bundesarchiv den Zuwachs der DDR-Archive. Koblenz beherbergt vornehmlich den Bestand „B“ wie Bundesrepublik; zugeordnet sind ihm die Dienstorte in Berlin. In ehemaligen Kasernenbauten in Lichterfelde werden das Archivgut des Deutschen Reichs aus Potsdam, der DDR und ihrer Massenorganisationen gelagert. Die Räumlichkeiten dort sind die größte Einrichtung des Bundesarchivs mit den meisten Benutzern. Hier hat das Vizepräsidium seinen Sitz. In Hoppegarten wird das Filmarchiv mit modernen Restaurierungs- und Konservierungsverfahren für das Zelluloidmaterial eingerichtet.

Der Eingang zum Bundesarchiv.

„Löwentor“ in Koblenz-Karthause – mehr blieb nicht übrig von der riesigen Feste Alexander.

24 „Koblenz verwandelt“

Das Erbe der Bundesgartenschau

Die Ufer von Rhein und Mosel präsentieren sich fein herausgeputzt im Schmuck gärtnerischer Anlagen. Das ist noch nicht lange so – hier zeigt es sich, dass die Bundesgartenschau von 2011 ihrem vieldeutigen Motto „Koblenz verwandelt“ voll und ganz gerecht wurde.

2 km

1,5 h

Tourencharakter
Spaziergang auf bequemen Wegen mit malerischen Aussichten

Anfahrt/Parken
Von Norden her Parkplätze an der Mosel am Peter-Altmeier-Ufer, von Süden her in der Tiefgarage Schloss in der „Neustadt“

Einkehr
Zahlreiche Möglichkeiten entlang der ganzen Strecke

Der besondere Tipp
Fahrt mit der Seilbahn auf die Festung Ehrenbreitstein, tägl. 9.30–18.30 Uhr, Winter nur Sa/So
Am zweiten Wochenende im August großes Fest am Rhein- und Moselufer anlässlich der Schiffsparade „Rhein in Flammen“; grandioses Abschlussfeuerwerk am Samstag

2002 erhob die UNESCO das obere Mittelrheintal einschließlich der Koblenzer Denkmäler zum Kulturerbe der Menschheit. Die Stadt Koblenz nahm dies zum Anlass, sich für die Bundesgartenschau 2011 zu bewerben – im Januar 2004 erhielt sie den Zuschlag. Von dem Ereignis erhofften sich die Planer kräftige Impulse, um Defizite in der Stadtplanung zu beheben und die Lebensqualität für Bürger und Touristen langfristig zu verbessern.

Die Ausstellung begann beim Schloss. Als reiner Behördenbau war es bis dahin von tristen Freiflächen umgeben, die als Parkplätze dienten. Das Rondell war Hintergrund für Open-Air-Spektakel mit Popstars. Es wurde in eine ornamental bepflanzte Grünfläche zurückverwandelt, die Autos in eine Tiefgarage verbannt. Auf der Rheinseite hat man die Blumenrabatten des königlichen Hofgärtners Lenné rekonstruiert; der nördliche Teil wurde zum Rhododendronhain umgestaltet. Der Bau erhielt den ursprünglichen noblen grauen Anstrich zurück, innen wurden repräsentative Versammlungsräume ausgestaltet. Eine Pforte in den Resten der preußischen Wehrmauer schaffte eine neue Passage zum Rheinufer (▸ Tour 13).

Die Kastorkirche wurde umgeben vom mauerumschlossenen Blumenhof im Norden und dem nach dem Muster der mittelalterlichen „Paradiesgärten“ angelegten ehemaligen Kreuzgang im Süden – beides geschätzte Oasen der Stille.

Die Verbindung zwischen den Bereichen schufen Anlagen am Ufer von Rhein und

Die neue Promenade am Konrad-Adenauer-Ufer – reizvoll auch im Winter.

Die spektakuläre Seilbahn zur Festung Ehrenbreitstein.

Mosel: Auch hier wurden Parkflächen für Autos und Busse zu Flaniermeilen umgestaltet und zum attraktiven Empfang für die Schiffstouristen. Eine großzügige Treppenanlage vor dem Schloss lädt zum Blick auf die Festung Ehrenbreitstein ein. Eine Grünanlage vor dem Deutschen Eck wird von den Einheimischen gern als Wasserspielplatz für die Kleinen genützt. Die Touristen erholen sich im Schatten der Platanen im Biergarten.

Die Festung Ehrenbreitstein wurde mit neuen Museen und Sonderschauen zur attraktiven „Kulturfestung" ausgestaltet (▸ Tour 19). Das Vorfeld präsentiert sich heute als Rasenfläche, die das einstige Glacis, das freie Schussfeld, nacherleben lässt. Auf dem nördlichen Teil fanden die Sonderschauen der BUGA ihren Platz. Den Koblenzern blieb an der Westseite, an der Abbruchkante des Rheinufers, eine spektakuläre freitragende Holzkonstruktion, die den berühmten Blick auf Stadt und Moselmündung gewährt (▸ Tour 1).

Clou der Bundesgartenschau war zweifellos die Seilbahn vom Rheinufer zur Festung. Sie sollte nach drei Jahren wieder abgebaut werden – ihre Talstation vor der Basilika Sankt Kastor störte empfindlich den Denkmalschutz. Allerdings war sie den Koblenzern ans Herz gewachsen: mit einer von 100.000 Bürgern unterzeichneten Petition konnten sie das Welterbe-Komitee der UNESCO dazu bewegen, die Betriebsgenehmigung für die 25-jährige Lebensdauer der Anlage zu verlängern.

25 Zum Abschluss

„Alles auf einen Blick“

Lassen wir die vielen Eindrücke aus der bunten Stadt Koblenz sich etwas „setzen“. Ein idealer Platz dafür ist der ruhige Görresplatz im Herzen der Altstadt mit der imposanten Historiensäule.

50 m

15 min

Tourencharakter
Spaziergang
Ausgangs-/Endpunkt
Görresplatz, Brunnenanlage in der Platzmitte

Anfahrt/Parken
Tiefgarage Görresplatz in der Altstadt; Anfahrt über Poststraße und Gerichtsstraße bzw. Kastorpfaffengasse
Einkehr
Wählen Sie aus unter den zahlreichen Gaststätten und Cafés rund um den Görresplatz!

Geschichte in 10 Schichten

10 Das neue Koblenz steigt auf aus dem Rauch
9 Bomben zerstören 1944 die Altstadt
8 Preußische Soldaten ziehen in die Festung
7 Die Bastille und die Zeit der Französischen Revolution
6 30-jähriger Krieg und Hexenwahn
5 Die Handelsstadt des Mittelalters
4 Kreuzzüge und Sklavenhandel
3 Im Thronstreit brennt Koblenz
2 Würdenträger tagen 860 in Koblenz
1 Koblenz als römisches Kastell

Basis der Säule ist ein römisches Boot, das Wein auf der Mosel transportiert

1992 beging die Stadt Koblenz ihren zweitausendsten Geburtstag. Zu diesem Anlass spendierte das Land Rheinland-Pfalz ein nobles Geschenk: den „Historienbrunnen“ auf dem Görresplatz.
Der Künstler, Jürgen Weber, hat die Stadtgeschichte fantasievoll in Schichten dargestellt – wie bei einer archäologischen Ausgrabung. Das beginnt mit einem nachempfundenen römischen Weinschiff. Wir erblicken die Mauern des spätrömischen Kastells mit den runden Wehrtürmen, nehmen mit hohen weltlichen und geistlichen Würdenträgern teil am mittelalterlichen Reichstag, erleben Glanzzeiten und wiederholte Zerstörungen bis zum Wiederaufbau im 20. Jahrhundert. Nehmen Sie sich die Zeit, in der begleitenden Tafel die Erklärungen zu studieren.

Die Historiensäule auf dem Görresplatz.

Grundlegende Literatur zur Koblenzer Geschichte

Bátori, Ingrid; Kerber, Dieter; Schmidt, Hans-Josef: Geschichte der Stadt Koblenz in 2 Bänden, hg. v. d. Energieversorgung Koblenz Mittelrhein, Stuttgart (Theiss) 1992/93

Band 1: Von den Anfängen bis zum Ende der kurfürstlichen Zeit. Stuttgart 1992, 560 S.

Band 2: Von der französischen Stadt bis zur Gegenwart. Stuttgart 1993, 646 S.

Kallenbach, Reinhard: Koblenzer Geschichte neu erzählt. Koblenz (Mittelrhein-Verlag) 2012

von Berg, Axel: Koblenz im Wandel. Von der Frühzeit zur modernen Stadt. Hg. v. d. Direktion Landesarchäologie. Koblenz 2011 (= Archäologie an Mittelrhein und Mosel H. 22)

Böckling, Manfred: Stadtwanderführer Koblenz. Gudensberg-Gleichen (Wartberg) 2014

Internetauftritt der Stadt Koblenz: Masterplan Koblenz https://www.koblenz.de/bauen_wohnen/k61_masterplan_inhalt.html; darin besonders Kap. 2.1: Geschichtliche Entwicklung

Abbildungsnachweis

Alle Fotos stammen vom Autor, mit folgenden Ausnahmen:

Einband vorn, oben: Buga-Seilbahn, © dpa, Fotograf Thomas Frey

Einband vorn, unten: Festung Ehrenbreitstein in Koblenz, © dpa, Fotograf Manfred Rehm

S. 57: Luftbild Schloss Koblenz während der BUGA 2011 (Holger Weinandt) Wikimedia Commons

Grafiken/Karten

S. 9: Kartengrundlage „Siedlungsstruktur" im Masterplan Koblenz, Struktur und Gliederung des Stadtgebiets, S. 7, mit frdl. Genehmigung des Amtes für Stadtentwicklung und Bauordnung Koblenz; (www.koblenz.de/bilder/Masterplan_Koblenz/23_struktur03g.pdf)

S. 18: Grafik aus Karlheinz Erben: Koblenz. Basilika Sankt Kastor, hg. v. d. katholischen Kirchengemeinde, Koblenz 3 2006, S. 17; verändert; mit frdl. Genehmigung des Autors

S. 40: LVR Portal Rheinische Geschichte, Orte und Räume, Regierungsbezirke (www.rheinische_geschichte.lvr.de/Orte/ab1815/Seiten/index.aspx); vereinfacht; mit frdl. Genehmigung des LVR - Inst. f. Landeskunde und Regionalgeschichte, Bonn

S. 86, unten: aus Konversion im Hochschulbau. 5 Projekte. Hg. v. Ministerium der Finanzen Rheinland-Pfalz, Mainz 2004, S. 43, verändert; mit frdl. Genehmigung des Min. der Finanzen

S. 23, S. 29, S. 49, S. 56, S. 75, S. 83 eigene Entwürfe

Register

Kursive = Verortung auf den historischen Karten

Impressum

2. Auflage, 2020
ISBN: 978-3-95400-685-4
Druck: Florjančič Tisk d.o.o. / Slowenien

In diesem Buch wird aus Gründen der besseren Lesbarkeit das generische Maskulinum verwendet. Weibliche und anderweitige Geschlechteridentitäten werden dabei ausdrücklich mitgemeint, soweit es für die Aussage erforderlich ist.

Lektorat: Barbara Buchter
Satz: Sutton Verlag
Übersichtskarte Innenklappe: Ingenieurbüro Heidi Schmalfuß, München

Buchhinweise

Burgen am Mittelrhein
Alexander Thon
978-3-95400-699-1 | 19,99 €

Das Moseltal
zwischen Koblenz und Trier 1920–1950
Karl-Josef Gilles
978-3-89702-943-9 | 20,00 €

Entlang der Mosel
von Koblenz bis Trier 1880 bis 1920
Karl-Josef Gilles
978-3-89702-681-0 | 18,99 €

Weitere Bücher aus Ihrer Region finden Sie unter:
www.suttonverlag.de